데이터로 보는
인사 이야기

데이터로 보는
인사 이야기

이중학 · Steven Kim 지음 | 김성준 감수

People Analytics 가이드북

플랜비디자인

요즘 DT^{Digital Transformation} 시대라 합니다. 국내 굴지의 한 그룹은 인공지능 기술을 실제로 업무 현장에 적용할 수 있도록, 모든 팀장을 대상으로 상당히 심도 있는 교육을 실시하고 있습니다. 그런데 잠깐, 여기서 말하는 DT는 과연 무엇인가요? 이를 밝히는 여러 정의가 있지만, 보다 쉽게 정리해보고자 머리를 굴려봤습니다. 어떻게 하면, 일반 대중들도 쉽게 이해할 수 있을까요? 기술적 영역과 활용적 영역으로 구분해서 생각해보면 좋겠다 싶었습니다.

일단, 디지털^{Digital}이라는 이름이 들어가 있으니, 컴퓨터 테크놀로지가 반드시 포함되어야 하겠지요? 저는 DT의 핵심적인 기술이 3A라고 주장합니다. Analytics, Automation, Artificial Intelligence[AI]의 앞글자를 땄습니다. 기존에 조직 내외부에 축적된 데이터를 분석하여 시사점을 모색해보거나[Analytics], 단순하거나 반복적인 작업을 자동화하거나[Automation], 기존에 인간이 인지적 노력을 기울여 수행하던 분류, 평가, 판단 등을 컴퓨터가 학습하여 수행하는 기술[AI] 입니다.

그런데 이것들이 단지 기술로서 존재만 하고 어딘 가에 활용되지 않는다면, 인간에게 아무런 가치를 주지 못하겠지요? 이들 기술이 어디에 적용되느냐 하는 것도 DT를 정의하는 중요한 요소라 봤습니다. 3A 기술이 적용되는 영역을 간명하게 두 가지로 정리하였습니다. 하나는 외부 고객에게 긍정적인 경험을 제공하고, 그들에게 새로운 가치를 제공하는 일, 다른 하나는 내부 구성원에게 보다 나은 경험을 제공하고, 새로운 가치를 제공하는 일로 봤습니다.

따라서, DT를 아주 낮은 차원에서 정의하자면 다음과 같이 말할 수 있을 것입니다. DT는 곧 3A 기술을 가지고 고객과 내부 구성원이 보다 나은 경험을 얻을 기회를 부여하고, 새로운 가치를 제공하는 일이라고 말입니다.

내부 구성원을 대상으로 활동을 펼치는 인사부서에서도 8~9년 전부터 DT의 바람이 불기 시작했습니다. 2010년 초만 하더라도 DT라 이름이 붙여지지 않았지만, 빅데이터, HR Analytics, People Analytics, RPA^{Robotic Process Automation} 등 다양한 담론들이 펼쳐져 왔습니다. 이들을 다시 종합해보면 – 앞서 짚은 바대로 – 3A 기술을 가지고 구성원 대상으로 펼치는 다양한 활동에서 효용성을 높이려는 시도들이라 할 수 있습니다.

이처럼 인사부서가 DT에 주목을 한 배경은 무엇일까요? 환경 변화에 유연하게 대처하기 위한 노력들이라는 점은 너무 당연해서 그 이유라 하기에 뭔가 궁색한 것 같습니다. 저는 그 근저의 원인이 세 가지라고 생각합니다.

코스트 센터^{Cost Center} 인식 탈피

첫째, '코스트 센터'^{Cost Center}라는 오명을 벗고 싶은 욕구가 반영되어 있습니다. 전통적으로 인사부서는 조직 내에서 수익을 창출하는 주체가 아니라 돈을 쓰기만 하는 부서라고 여겨져 왔습니다(Caster, 2001; Merritt, 2007). 인사부서가 비용 발생 부

데이터로 보는 인사 이야기

서에 불과하다는 인식은 오래된 고정 관념이었습니다. 영국에서 산업혁명이 일어나면서 1800년대부터 소규모 공장이 출현하기 시작했습니다. 이들은 점차 거대 조직으로 변모하였고, 수많은 인부들을 도시와 농촌에서 불러들였습니다. 그 당시 인부들은 육체적인 노동을 제공하는 이들로, 언제든지 다른 사람으로 대체 가능한 존재들이었습니다. 수익을 내고 사업을 영위하기 위해서는 어쩔 수 없는 고정비용이라 여겨지기 시작했습니다. 그래서 이들의 채용-해고를 관리하는 일을 '인력관리Personnel Management'라 불렀습니다(e.g., Bellows, 1949; Elibirt, 1959). 영어 'personnel'은 프랑스어에서 유래된 단어로, 장비 또는 자재를 지칭하는 'matériel'과 대비되어 특정한 서비스를 제공하는 사람들과 그들의 육신을 의미했습니다. 그와 비슷한 용례로, '노동력관리'Manpower Management라는 표현도 병행해서 사용하곤 했습니다(e.g., Yoder, 1954). 영어 'manpower'는 말 한 마리가 낼 수 있는 마력Horsepower에 견주어 한 인간이 투입할 수 있는 힘을 지칭하는 표현이었습니다. 인력관리, 노동력관리라는 말에서 알 수 있듯이, HR은 오로지 인간이 투입할 수 있는 노동력과 그 비용을 관리하는 부서였습니다. 그래서 경영자들의 눈에 HR의 목표는 오로지 "삭감, 삭감, 삭감Cut, cut, cut" 해야만 하는 대상으로 여겨져

왔습니다(Cappelli, 2015).

그러다가 조직 내부에 있는 자원이 경쟁력의 원천이라는 자원기반관점Resource Based View이 대두되기 시작했습니다(Barney, 1996). 그리고 조직이 가진 중요한 자원들 중에 핵심은 사람이라는 인식이 점차 확산되었습니다. 이로 인해 인력Personnel, 노동력Manpower라는 표현 사용이 점차 수그러들고, '인적자원'Human Resource이라는 단어 사용이 폭발적으로 증가하였습니다. 또한 HR 부서와 담당자들은 더이상 노동력을 관리하는 일이 아니라, 조직의 잠재력, 경쟁력의 원천을 고심하는 부서로 여기게 되었습니다(Barney, & Carroll, 1995). 그들 자신을 '전략적 파트너'라고 정체성을 정립하였습니다(Barney, & Wright, 1998).

이처럼 조직의 돈을 쓰기만 하는 부서에서 잠재력의 원천을 관리하는 주체로 정체성이 바뀌었지만, 여전히 그 실질은 비용을 사용하는 부서입니다. 비용을 최소화하여 코스트 센터라는 낙인을 탈피하려는 욕구가 인공지능 활용으로 이어지고 있습니다. 사례를 볼까요? 국내 A기업은 대학교 졸업 공채 신입사원을 선발할 때마다 수만 건의 자기소개서를 검토합니다. 인사부서 인력만으로는 어렵기 때문에, 현업 부서들의 협조를 얻어서 입사 5년차 이하의 구성원 50명을 선발하고, 이들이 3~4일에 걸쳐 평가하도록 합니다. 이 일을 매년 2회 상반기와 하반기에 실시합니다. 그 동안 자기소개서를 평가하는 일에 상당한 비용을 들여야 했습니다. 이 비용을 최소화하고자 A기업은 최근에 머신러닝 기술을 적용하고자 했습니다. 과거 5년간 축적된 지원자들의 데이터, 그리고 내부 구성원들이 평가한 데이터를 학습시켰습니다. 그리고 이를 활용하여 새로운 자기소개서의 합격/불합격을 예측하게 하였습니다.

직관에만 의존하는 경향 탈피

오랫동안 인사부서는 직관을 활용해왔습니다. 몸으로 축적한 노하우와 직감을 활용해서 의사결정을 내려왔습니다. 그리고 그 정당성을 획득하는 방법으로 3가지 '힘'을 사용해 왔습니다. 하나는 벤치마킹의 힘입니다. 경쟁사 또는 동종업계가 무엇을 어떻게 하고 있는지를 살피고 이를 근거로 설득하려 했습니다. 다른 하나는 뉴트렌드의 힘입니다. 인재경영 분야에서 가장 최신의 방법론이라 소개하고 설득하려 했습니다. 마지막으로 권위자의 힘입니다. 유명한 경영자, 학자, 저술가의 주장을 빌려서 정당성을 획득하려 했습니다.

　반면 조직 내부의 다른 기능들(전략, 재무, 마케팅 등)은 여러 데이터를 토대로 객관적인 의사결정을 내리려는 노력을 꾸준히 기울여왔습니다. 인사부서도 이들의 노력과 고도로 발전해온 방법론을 오래전부터 의식하고 있었습니다(Fitz-Enz, 1980). 2010년 초반 빅데이터 열풍이 불면서 인사부서에서도 유용한 데이터를 측정하고, 축적하고, 분석하여 의사결정해야 한다는 인식이 커지기 시작했습니다(Davenport, Harris, & Shapiro, 2010). 그 흐름 속에서 'HR Analytics'(Marler, & Boudreau, 2017), 또는 'People Analytics'(Leonardi, & Contractor, 2018) 라고 불리는 접근법이 태동하였습니다. 이는 인재경영 제분야, 즉 모집, 선발, 배치, 승진, 교육, 평가, 보상, 퇴직에 더해서 리더십과 조직문화 전반에 걸쳐서 데이터를 활용하고 분석하여 시사점을 도출하고, 이를 바탕으로 과학적인 의사결정을 내리는 노력 또는 활동을 말합니다(김성준, 2013).

　이는 두가지 질문에 데이터로 답을 찾는 과정입니다. 하나는 '현재 어떤 상태인가?' 라는 질문입니다. 이는 조직에서 관찰되는 여러 현상들, 발생하는 이슈들을 데이터로 측정하고 요약해서 현 주소를 파악하려는 노력입니다. 다른 하나는 '그 이유는 무엇

데이터로 보는 인사 이야기

인가?' 라는 질문입니다. 문제의 원인을 분석해서 해결하려는 노력입니다. 이들 질문은 설명 모델을 다루는 일입니다. 이제 인사 부서는 한 발 더 나아가서 '그것이 어떻게 될 것인가?'라는 질문에 답을 구하는 추세입니다. 이는 곧 예측 모델입니다. 구성원 개개인을 두고 다음과 같은 질문에 솔루션을 얻으려는 고민으로 이어지고 있습니다. 이 사람은 우리 회사에 적합한 인재인가? 이 사람을 어느 직무에 배치하면 더 잘 적응하고 성과를 낼 수 있는가? 이 사람에게 어떤 교육 컨텐츠를 제공해야 더 발전할 수 있는가? 이 사람의 올해 연말 성과는 어느 정도 수준인가? 이 사람은 승진할 가능성이 있는가? 이 사람은 퇴직할 가능성이 있는가? 이를 위해 머신러닝과 인공지능 기술을 활용하려는 움직임이 일고 있습니다.

공정성 강화

마지막으로, 공정성 강화를 들 수 있습니다. HR은 사람과 관련된 결정을 하는 일입니다. 조직 내부에서 희소한 자원을 배분하는 일이 포함되어 있습니다. 누구에게 얼마를 보상해야 할지, 어떤 사람을 주요 요직에 배치를 해야 할지, 누구를 승진시키고 또 누구는 그리하지 않아야 할지, 어떤 이를 해외 주재원으로 내보내거나 학위 과정에 보내야 할지, 누구를 핵심인재로 포함시켜야 할지 등의 의사결정입니다. 공정성 문제가 대두될 가능성을 항상 안고 있습니다.

2020년 하반기 국내 A은행은 영업점 직원 발령에 인공지능을 활용하였습니다(김민정, 2020). 전국에 분포해 있는 영업점 900여 곳에 직원 1,086명을 재배치하는 문제를 인고지능 알고리즘으로 의사결정 하였습니다. 이 은행의 조직이 크다 보니 하반기 인사는 대규모로 이루어지곤 하였다. 그로 인해 여러 뒷말들이 발생했습니다. 공정성을 기하고자 A은행은 총 4단계를 거쳤다고 합니다. 먼저, 영업점별 인력의 수요, 직원들의 직무 경력, 자격 사항, 거주지, 그리고 기본적인 인적사항을 취합하였습니다. 그리고 인공지능이 직원을 배치하는 의사결정에 필요한 30여개의 규칙을 설정하였습니다. 이 규칙들은 직원이 집에서 영업점까지 출퇴근 시간이 1시간 이내, 영업점마다 직원 연령을 고르게 배치, 특정 직무에 몰리지 않게 배치 등이었습니다. 그리고 인공지능이 위의 정보와 규칙을 활용해서 직원들을 배치했습니다. 마지막으로 인사 부서에서 그 결과를 재점검하고 최종적으로 인사 발령을 냈습니다. 이

은행 인사 부서에 따르면 인사 발령 발표 이후에 불만과 불공정을 제기하는 전화를 받곤 했는데, 인공지능을 활용한 뒤에는 한 통도 받지 않았다고 밝혔습니다.

이와 같은 이유로, DT라는 거대한 우산 틀 아래 상당수 인사부서들이 변화를 시도하고 있습니다. 그럼에도, 이를 어떤 관점으로 보고 어떻게 접근해야 하는지 식견을 높여주는 자료는 드문 상황입니다. 컨설팅 업체에서는 자사 솔루션을 홍보하는 자료들을 배포하고, 연구기관에서는 백서를 발표하고 있지만, 아무리 읽어봐도 괴리감만 느껴질 뿐입니다. 현실의 제약에 발을 딛고 처절히 고민한 내용들은 아니기 때문입니다.

반면, 이 책은 상당히 차별적인 유용성을 제공합니다. 첫째, 이 책은 DT의 3가지 기술인 3A를 균형적으로 고찰합니다. 특히 필자들은 DT, People Analytics 분야 등에서 실무적으로나 학문적으로 첨단에 서 있는 사람들입니다. 이중학 박사는 그룹의 DT를 고민하고 현실화하는 팀을 이끈 리더로서 일해왔습니다. Steven Kim 교수는 통계학 분야에서 인사부서의 효율성과 효과성을 높이는 일에 끊임없이 관심을 갖고 연구와 자문을 펼쳐왔습니다.

둘째, 현장에 단단히 발을 딛고 있습니다. 위대한 학자가 '기업 현장은 아마도 이러지 않겠어? 그러니 이렇게 해야지' 라며 추정하고 상상해서 쓴 글이 아닙니다. 저자들이 현장에서 처절하게 굴러먹으며 그로부터 체득한 암묵지를 담았습니다. 단언하건대, 이들은 유관 부서에서 데이터를 얻기 위해서 아쉬운 소리도 하면서, 구성원들에게 제발 설문에 참여해달라고 애원하면서 그렇게 이분야의 전문성을 쌓아왔습니다. 때로는 경영진으로부터 도전적인 질문도 받고 면박을 받기도 했겠지요. "이렇게 뻔한 분석 결과를 얻으려고, 지난 몇 개월이나 프로젝트를 수행한 거야?"라는 말도 필연적으로 들었을 것입니다. 이처럼, 진창과도 같은 바닥에서 실전적으로 쌓은 노하우를 이 책에 담았습니다.

한편으론 아쉽기도 합니다. 저자들이 가진 노하우, 암묵지를 더 깊이 담지 못한 것이 말입니다. 이 업이라는 게 그렇습니다. 조직이 유산처럼 가지고 있는 고질적인 문제를 파헤쳐 들어가거나, 경영진이 문제의식을 강하게 갖고 있는 이슈에 대해 심도 있게 분석하는 일이다 보니, 그 내용을 책으로 출간하기에는 여러 제약들이 있습니다. 이 책에서 언급된 사례들을 보면, 그 상황과 맥락을 속속들이 펼쳐 놓고 얘기하거나, 그 분석 결과를 구체적으로 상술하지 못한 경우가 많습니다. 그 과정에서 눈물 젖은 빵을 먹는 기분으로 터득한 암묵지도 가려질 수밖에 없겠지요. 독자 여러분의 넓은 이해를 감수자로서 구하고 싶습니다. 그래서 독자 여러분께 상황을 상상하면서 읽어보시라 권해 드리고 싶습니다. '이 사례는 도대체 어떤 맥락에서 시도된 것일까?' '내가 속한 조직에서 이런 과제가 떨어졌다면 어떻게 접근할 수 있을까?' '이 결과를 두고 경영진과 구성원은 어떤 반응을 보일까?' '지난 수개월 간의 노력들이 하루 아침에 의미가 없는 일로 평가받게 되면, 나는 어떤 심정일까?' 라고 말입니다.

그 옛날 무협지를 보면, 고수들이 출현해서 자신만의 무론武論을 얘기합니다. 이 책에서도 두 명의 실전 고수가 등장합니다. 이들이 펼치는 무용담과 무론을 한번 즐겁게 감상해보지 않겠습니까?

감수자 김성준

들어가는 글

핀치Finch라는 새를 아시나요? 찰스 다윈에게 진화론의 단초를 제공한 새로 유명합니다. 다윈은 물리적으로 다른 섬들과 격리되어 있던 갈라파고스섬의 여러 가지 생물을 탐구하던 중에 핀치를 보고 한 가지 의문을 품게 됩니다.

"왜 같은 종인데도 서로 다른 부리 모양을 갖고 있는 것일까?"

이 질문으로부터 진화론이라는 위대한 학문적 발견이 탄생하게 됩니다. 핀치는 같은 갈라파고스 섬 내에서도 처해 있는 서식 환경에 따라 먹이가 다르기 때문에 부리 모양이 다르게 진화되어

데이터로 보는 인사 이야기

왔습니다. 어떤 곳에서는 마른 나무 안의 벌레를 먹어야 했고, 다른 곳에서는 나뭇잎 위에 벌레가 더욱 풍성했기 때문에 부리가 뾰족하기도 하고 납작하기도 한 형태로, 각기 다른 모양을 갖고 있던 것입니다.

생물은 환경에 적응하며 끊임없이 진화합니다. 조직과 구성원 역시 마찬가지입니다. 속해 있는 환경에 맞게끔 계속해서 스스로를 바꾸고 진화해야 합니다. 현재 우리를 둘러싼 가장 큰 변화는 Digital Transformation^{DT}이라고 볼 수 있습니다. 그렇다면 우리는 우리 자신을 어떠한 모습으로 바꿔 나가야 할까요? 이에 대한 정답은 그 누구도 알 수 없겠지만, 본서에서는 DT 시대의 변화를 다루고 데이터로 조직과 구성원 이야기를 다루겠습니다.

우선, DT 시대의 HR 역할과 역량이 크게 바뀔 것입니다. 왜냐하면 기존의 HR은 사람^{Human Resource}과 사람으로 구성되어 있는 조직에 집중했지만, DT 시대에는 사람과 함께 협업하게 될 인공지능^{Artificial Intelligence, AI}과 로봇^{Robot} 등에 대해서도 관심을 쏟아야 하기 때문입니다. 이를 위해 구성원과 조직 관리의 변화가 선행되어야 합니다. 가령, AI 및 Robot과 협업해야 하는 사람 역할을 정의하고 필요한 역량을 개발해야 합니다. 더불어, 동기부여 방식과 보상 체계도 변화해야 합니다. 이러한 측면에서 DT 시대의 HR 역할과 필요 역량을 다루겠습니다.

둘째, DT 시대의 HR에서 가장 많은 관심을 받고 있는 People Analytics 여러 사례를 소개하겠습니다. 기술 발전을 통해 데이터를 얻을 수 있는 속도는 발전했으나, 데이터 분석의 목적 설정과 해석, 그리고 적절한 활용은 사람의 역할입니다. 이미 그 필요성에 대해서는 다른 서적을 통해 충분히 논의되었기 때문에 본서에서는 다양한 사례를 통해서 목적에 맞게 어떻게 데이터를 분석할 수 있는지와 효과성에 대해 소개합니다. 구체적으로 채용, 리더십 그리고 직원 경험 측면으로 구분하여 관련 내용을 다루겠습니다.

셋째, 이 책의 사례와 비슷한 상황에서 어떻게 데이터 분석을 할 수 있는지 통계적 개념과 모델을 설명하고 독자분들께서 직접 해볼 수 있도록 실습 데이터와 R코드를 제공합니다. 이를 통해서 People Analytics를 처음 접하는 직장인과 HR 종사자분들도 바로 데이터 분석을 해볼 수 있는 가이드북이 될 것이라 기대합니다.

본서의 여러 사례를 통해 DT 시대에 벌어지고 있는 우리 직장 내 변화를 살펴볼 수 있을 것입니다. 그리고 변화에 적응하기 위해 필요한 데이터 이해 및 분석 역량을 가이드를 통해 키우실 수 있기를 기대합니다.

마지막으로 저자들은 20년 넘게 우정을 쌓아온 친구입니다. 오랫동안 함께 고민하며 쓴 책으로 저희에게도 매우 의미 있는 결과물이자 작업의 시간이었습니다. 그러나 본서는 저자들의 노력만으로 쓰여진 것은 아닙니다. 바로 함께 근무하고 연구하는 동료들의 도움과 가족들의 배려가 있었기 때문에 가능한 작업이었습니다. 짧은 지면이지만 사랑하는 우리 부모님, 지은, 은미, 민준, 민아, 소민, 용민, 지선누나에게 감사 인사를 꼭 전하고 싶습니다. 그리고 본서를 읽고 감수해준 김성준 교수님과 추천사를 써주신 전영민 대표님, 정현천 부사장님, 황성현 대표님, 김민송님, 오인수 교수님, 성상현 교수님 그리고 김영상 교수님께도 감사 인사 전합니다. 앞으로도 더욱 성장하는 우리들이 될 것을 약속하며 글을 시작해보겠습니다.

1 ⊙ Digital Transformation 시대의 HR 역할과 변화

Digital
Transformation 시대의
HR 역할과 변화

내 일자리가
사라진다고?!

일자리가 사라진다!

2016년 이세돌 9단과 알파고의 대결은 우리에게 본격적으로 기술에 의해 우리 일자리가 대체될 수 있다는 두려움을 갖게 한 순간이었습니다. 그 이후로 여러 연구를 통해서 '기술에 의해서 대체될 일자리', '2030년까지 사라질 직업군!' 등의 보고서가 쏟아져 나오기 시작했지요. 세계적 미래학 기관인 다빈치 연구소의 소장이자 구글의 미래학자인 토마스 프레이Thomas Frey는 2030년까지 포춘 500대Fortune 500 기업 중 절반이 기술 발전에 의해서 문을 닫을 것이라고 예언한 바 있습니다. 기술 발전은 그만큼 일자리에 미치는 영향이 크다고 할 수 있습니다.

2013년 칼 프레이Carl B. Frey와 마이클 오스본Michael A. Osborne은 『일자리의 미래』에서 미국 기업에 존재하는 여러 직무를 쭉 펼쳐두고 사라질 확률을 계산하고 이를 발표했습니다. 이 논문은 전세계적으로 많은 이들의 관심을 받았고, 2017년 한국 기업 A사는 사내의 직무와 프레이와 오스본 논문에서 밝힌 확률을 매칭하여 2023년까지 기술에 의해서 대체될 확률을 직무별로 계산했습니다. 흥미롭게도 한국 기업인 A사 직무 중 64% 가까이가 사라질 것이라는 연구 결과가 나왔다고 합니다. 하지만 이 연구의 가장 큰 제약점은 미국과 한국의 노동시장이 매우 다르다는 점을 간과했다는 것입니다. 이에 저희는 A사가 위 연구를 수행한 2017년 직무별 임직원 숫자와 2020년 초의 숫자를 비교해서 일자리의 숫자가 줄어들거나 늘었는지를 확인했으며 이 정보를 바탕으로 프레이와 오스본의 일자리 대체 확률과의 관련성을 연구했습니다. X축은 AI Score(Computer기술에 의해 일자리가 사라질 확률이며 높을수록 대체될 확률이 높음)를 의미하고, Y축은 17년과 20년 사이의 A사에서 줄어들거나 늘어난 일자리의 변화량(A사에 존재하는 약 70여개의 직무를 기준으로 17년에서 20년 사이의 증감을 계산)을 의미합니다. 데이터 분석 결과 사라질 확률이 높은 일자리는

데이터로 보는 인사 이야기

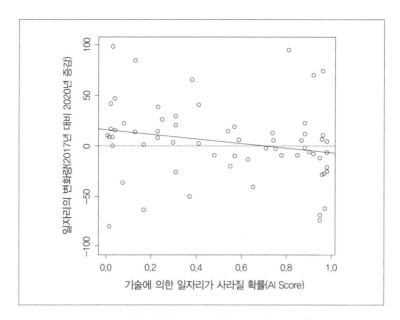

[그림 1] 일자리의 변화와 기술에 의해 사라질 확률의 관계*

실제로 그 수가 줄어들고 있었고, 그 상관관계는 통계적으로 유의했습니다.

위 분석 결과를 보고 두 가지 질문을 할 수 있습니다. 첫째는 '어떤 일자리가 사라지고 남는가?'입니다. 여러 연구를 통해서 변

---

* X축은 프레이와 오스본이 논문에서 제시한 각 직무별로 일자리가 사라질 확률을 의미하며, Y축은 A사의 70개 직무에 근무하는 임직원 숫자를 기준으로 변화량을 계산했습니다. 결국 프레이와 오스본의 공식대로 기술에 의해서 사라질 확률이 높은 직무는 A사에서도 실제로 없어지고 있다는 것을 의미합니다.

화하는 시대에 살아남는 사람들의 특성을 분석한 결과가 있습니다. 급격하게 변화하는 시대 속에서도 높은 성과를 내는 사람들은 과거 경험에 안주하지 않고 새로운 것을 배우고 적용하려는 공통된 특성을 갖고 있었습니다. 그러므로 우리는 환경 변화를 빠르게 파악하고 폭넓고 깊게 이해해야 합니다. 또한, 이러한 변화에 스스로를 바꾸고 환경 변화에 적응하려는 노력도 해야 합니다. 두 번째 질문은 '어떤 사람이 변화하는 환경에서 사라지고 살아남는가'입니다. 첫 번째 질문은 이미 다른 연구를 통해서 어느 정도 답이 되었으므로 두 번째 질문에 대해서 다음 챕터부터 필자들이 답하고자 합니다.

필자들은 HR과 통계를 전공한 실무자이자 연구자로서 다양한 조직 내 현상들을 데이터로 분석하고 이를 해석해서 제시하고자 노력하고 있습니다. 저희가 공통적으로 인지하는 최근 현상은 HR에서도 데이터와 분석 결과를 의사결정에 도입하려는 변화이며 그 적용 속도가 매우 빠르다는 점입니다. 빠르게 변화하는 환경 속에서 HR 동역자 여러분 역시 적응하고 진화하기 위해서는 데이터를 통해 일하는 방법에 대해서 알아야 합니다. 관련 역량은 알아두면 좋은 것이 아닌 생존을 위한 필수 역량이 되었습니다. 다시 한번 질문드리겠습니다. 일자리가 사라지고 있는 시대에 우리는 잘 대응하고 있는 있나요?

디지털 전환 시대의
HR

분홍색을 너무 좋아하던 왕자가 있었습니다. 그는 분홍색을 너무 좋아한 나머지 다스리는 영토 모두를 분홍색으로 만들고 싶었습니다. 신하들은 많은 비용과 시간을 들여 건물과 사람들을 분홍색으로 칠하기 시작했습니다. 하지만 피고 지는 꽃, 하늘 등을 분홍색으로 칠할 순 없었지요. 고심하던 신하들은 묘책을 내서 분홍색 선글라스를 왕에게 씌워줬고, 왕은 세상이 분홍색이라며 행복하게 살았다고 합니다.

서울대 최인철 교수는 〈프레임〉이란 책에서 소개한 이 우화를 통해 사람은 개인이 갖고 있는 각자만의 믿음체계로 세상을 바라본다는 사실을 전하고 있습니다. 자, 우리는 무엇을 믿고 있으며 세상을 어떻게 바라보고 있을까요?

　DT 시대의 특성을 한 단어로 요약하면 '변화'라고 이야기할 수 있습니다. 새로운 기술이 도입되고 이로 인해 산업 지형이 바뀌고 우리가 일하는 방식 역시 연쇄적으로 변해야 합니다. HR은 변화하는 비즈니스에 맞게끔 운영제도와 조직문화를 바꿔야 하며, 구성원들의 일하는 방식에 변화를 주도해야 합니다. 이러한 상황에서 HR은 두 가지 '안경'으로 직원들을 바라볼 수 있을 것입니다. 직원들을 변화가 가능한 잠재력 있는 존재로 보는 '성장형 마인드셋Growth Mindset'과 현재를 유지하려 하며, 변화를 원치 않는다는 '고정형 마인드셋Fixed Mindset'이 바로 그것입니다. 스탠포드대의 캐롤 드웩Carol Dweck 교수가 제안한 성장형 마인드셋은 인간을 변화 가능한 존재로 보는 심리학적 개념입니다. HR이 직원을 변화 가능한 존재로 보는 것은 DT 시대의 변화에 매우 중요한 선결 조건입니다. 왜냐하면 이는 HR의 제반 활동이라고 할 수 있는 조직문화와 제도를 운영하는 시작점과 같기 때문입니다.

　변화되는 비즈니스 모델에 적합한 필요 역량을 채우기 위해서 HR은 Buy와 Make 중에 하나를 선택할 수 있습니다. Buy 정책은 조직에 필요한 역량을 가진 인적자원을 외부로부터 스카웃해서 조직의 필요를 충족한다는 전략이고, Make 정책은 내부 인적 자원을 육성해 그 필요한 요구를 맞춘다는 방법입니다. 변화가 예측 가능한 수준으로 일어났던 DT시대 전에는 전략 전문가, IT 전문가 등을 필요에 따라서 외부에서 영입해서 변화에 대응할 수 있었습니다. 하지만 DT시대의 변화는 예측 가능한 수준을 벗어나고 있습니다. 과거와는 단절된 변화가 지속되기 때문에 단순히 하나의 역량을 갖춘 인력을 채워 넣는다 해도, 그 사이 새로운 변화가 일어난다는 것입니다. 그러므로 HR은 성장형 마인드셋의 관점으로 직원을 바라보고 변화에 맞게끔 그들을 지속적으로 전환 Transformation 시켜줘야 할 것입니다.

2018년 발표된 'The Future of Jobs Survey'를 보면 향후 4년간 미국 회사들이 DT 시대에 맞는 변화의 실행에 가장 큰 장애물(60%)로 스킬갭Skill Gap을 뽑았습니다. 더불어, 맥킨지가 발표한 연구에 따르면 2020년 미국에는 필요한 스킬을 갖추지 못해서 생기는 일자리가 740만 개 가량이라고 발표하면서 현재 조직들에 존재하는 스킬갭Skill Gap 이슈를 강조하기도 했습니다. 한국 역시 크게 다르지 않습니다. 고용노동부가 발표한 자료에 따르면 전공자보다 일자리가 많은 분야로 기계-금속이 1순위, 2순위로 전기-전자를 뽑았습니다. 전기-전자 전공은 DT 시대에 가장 기본이 되는 공학 분야로서 한국 역시 앞으로도 급속하게 스킬갭Skill Gap 문제에 직면하게 될 것임을 의미합니다. 상황이 이렇다 보니 조직에서 더 이상 외부 시장에서 필요 인력을 Buy해서 충원할 수 없음을 깨닫게 되고, 내부 직원들에 대한 Make에 집중하게 되는데 이것이 바로 리스킬링Reskilling*의 개념입니다.

미국의 대표적인 통신회사인 AT&T가 새롭게 변화하는 시대에 발맞춰 비즈니스 모델을 바꾸고 이를 수행하기 위해서 필요역량을 도출했는데, 25만 명 가까운 내부 직원들이 관련 역량이 부족하다는 점을 알게 됩니다. 다시 말하면 조직 내에 심각한 스킬 갭Skill Gap이 존재함을 깨닫게 됩니다. 이에 AT&T는 $1 billion(한화 약 1조 원) 가량을 들여 직원들의 리스킬링 작업에 착수합니다. IBM 역시 업스킬링 기반의 리스킬링이란 개념으로 기존 직원들에게 배지Badge를 부여하면서 지속적으로 리스킬링에 대한 동기부여를 해주고 있으며, 동시에 관련 필요역량이 조직 내에 얼마만큼 보유되었는지를 관리하고 있습니다. 이러한 움직임은 글로벌 기업뿐만 아니라 국내 기업에서도 동일하게 나타납니다. 대표적으로 SK는 mySUNI를 출범하고 내부 직원들에게 DT 관련된 교육인

---

* 본서에서 리스킬링(Reskilling)은 현재 직무에서 다른 직무로 전환하기 위해서 필요한 스킬을 습득하는 과정을 의미합니다. 반면, 업스킬링(Upskilling)은 현재 수행하고 있는 직무를 더욱 높은 수준으로 해내기 위해서 새로운 스킬을 습득하거나 기존 스킬을 향상시키는 활동을 의미합니다.

데이터 사이언스, AI 등의 내용을 연간 200시간 필수로 듣게 함으로써 변화하는 시대에 필요한 역량을 쌓기 위해서 노력하고 있습니다.

그렇다면 리스킬링을 HR에서 실행하기 위해서는 어떠한 노력이 필요할까요? 우선 리스킬링의 범위 설정이 중요합니다. 우리 조직의 직무를 구분해 본다면 DT 기술이 '적용 불가능한 영역'과 DT 기술을 '활용하는 영역' 그리고 DT 기술이 '대체 가능한 영역'으로 나눠볼 수 있습니다. HR이 관여하고 관심을 우선적으로 가져야 하는 부분이 바로 DT 기술을 '활용하는 영역' 입니다. 가령, RPA^{Robostic Process Automation}등의 자동화 기술을 이용하는 것부터 AI 및 로봇 등과의 협업이 그 예입니다. 이러한 측면에서 직원들로 하여금 DT와 협업해 더욱 높은 생산성을 낼 수 있도록 리스킬링 방향성을 잡아야 합니다. DT 기술 중 가장 널리 활용될 수 있는 AI는 데이터를 통해서 구현 가능한 기술입니다. 적절한 데이터가 있고 이를 바탕으로 알고리즘을 짜서 의사결정에 AI가 도움이 될 수 있습니다.

그러므로 리스킬링에서 가장 우선시 되는 역량이 바로 데이터 리터러시^{Data Literacy}입니다. 필요한 데이터를 분류하고 입력하는 능력, 데이터를 처리하는 알고리즘에 대한 이해와 적용 그리고 결과를 해석하는 능력 등은 AI 활용을 위해 필수적인 역량입니다. 노르웨이 Private Bank DNB는 비 디지털 분야에서 디지털 분야로의 리스킬링을 위해서 비즈니스 애널리스트를 데이터 사이언티스트로 전환시키고 있는데, 약 2개월간의 과정을 통해서 통계, 모델 구축 및 회귀분석 등을 가르치고 있다고 합니다.

A사 역시 업스킬링 기반 리스킬링의 시작을 데이터 리터러시 구축으로 보고 직원을 대상으로 한 데이터 사이언티스트^{Data Scientist} 과정을 설계해서 실행하고 있습니다. 우선 엑셀로 데이터 분석을 할 수 있는 기초 지식을 심어주고 향후에 데이터를 통한 의사결정과 고급 모델링할 수 있는 수준까지 본 과정을 통해서 데이터 리터러시를 키워줍니다. 더불어, 성공적으로 과정을 이수하고 평가에 통과한 구성원에게는 배지를 부여해줌으로써 향후에 조직 내에서 DT에 대한 인재 준비도를 확인할 수 있고, 개인들에게 동기부여를 지속적으로 해주고 있습니다.

리스킬링의 다음 단계는 높은 수준의 데이터 리터러시를 바탕으로 AI를 잘 활용할 수 있도록 도움을 주는 것입니다. 노무라연구소가 일본에서 근무하는 직장인 1,500명을 대상으로 2017년 진행한 설문에 따르면 중간관리직의 업무 중에 46.7% 가량을 AI를 통해 자동화하거나 업무를 간소화^{Slim}할 수 있을 것이라고 답했습니다. 과업^{Task}별로 보면 사무 처리의 20.6%, 생산 활동의 12.3%, 유연한 지휘에서 12.1% 그리고 조직관리에서 9.0% 가량 AI를 통해서 자동화되거나 슬림감소화가 가능하다고 답했다고 합니다. 이렇듯 가까운 시일 내에 우리 직원들은 AI와 공존하여 업무를 진행하게 될 것이기 때문에 AI를 어떻게 잘 활용할 수 있을 것인지가 리스킬링에서의 단기 지향점이라고 말할 수 있습니다.

조직 내의 인재 전환People Transformation은 CEO와 리더, 그리고 HR이 직원에 대해서 성장형 마인드셋을 가지고 있어야 하며, 경험, 코칭 및 정규 교육 등의 여러 형식을 이용해서 리스킬링을 제공해줌으로써 가능할 것입니다. 이에 더해 중요한 요소가 바로 조직 내 심리적 안전감Psychological Safety 구축입니다. 구성원들이 변화에 발맞춰 새로운 기술을 익히고 이를 적용하기 위해서는 여러 번의 시행착오가 동반될 것입니다. 이때 조직 내에서 실패해도 괜찮다는 안전감이 조성되고, 동료들에게 자신의 실수를 내보일 수 있다는 안전감이 있어야 변화를 위한 여러 시도를 할 수 있을 것입니다. 그렇기 때문에 인재 전환을 위해서는 데이터 리터러시와 AI와의 협업도 중요하지만 결국 조직 내에서 구축되어 있는 사람 간의 신뢰와 안전감이 더욱 중요할 것입니다.

이 대목에서 우리 HR이 더욱 주요하게 기여할 수 있는 부분이 있습니다. 인재개발 부분에서 리스킬링을 위한 여러 형식의 개입Intervention도 중요하지만, CEO와 HR부서에서 우리 조직의 구성원에 대한 믿음과 성장형 마인드셋을 장려하는 것이 더욱 중요하며,

더불어 서로 간에 신뢰하고 안전감을 느낄 수 있는 풍토를 만들어 나가야 할 것입니다. 결국 DT를 위해서는 기술이 아닌 기술을 개발하고 활용할 사람에 집중해야 하고, 그 역할은 HR이 해야 하지 않을까요? 성장형 마인드셋이라는 '안경'을 좀 더 깨끗이 닦고 더욱 또렷이 직원들을 바라봐야 할 때입니다.

데이터로 보는 인사 이야기

디지털 전환에서
인재 전환으로

"당신 회사는 무엇을 하는 회사입니까?"

이 질문에 대해서 자신 있게 대답할 수 있는 직장인들이 얼마나 있을까요? 우선 필자들부터 확신에 찬 목소리로 답하기는 어려울 것 같습니다. 업의 본질에 대한 고민은 아주 오래전부터 조직 경영층에서 갖고 있던 화두입니다. 하지만 지금과 같이 치열하게 그 고민을 하던 시기는 없었던 것 같습니다. DT시대로 대변되는 기술적 변화 속에서 거의 대부분의 회사들이 IT 회사 수준으로 조직 변화를 실행하고 있습니다. 이에 따라 앞 다퉈 DT팀이 신설

되고 전략적으로 이를 실행하고 지원하는 역할들이 뒤를 따르고 있는 실정입니다. 그렇다면 우리는 디지털 전환(DT) 시대에 적응하기 위해서 어떻게 변화관리를 해야 할까요?

우리에게 익숙한 기술은 AI, 빅데이터, 퀀텀 컴퓨팅Quantum Computing 등입니다. 이러한 기술들은 현존하는 산업을 파괴하고 여러 기업들에게 위협과 동시에 기회를 주기도 합니다. 하지만 우리가 간과하고 있는 많은 부분은 'AI와 빅데이터 등의 기술을 우리가 현장에서 바로 적용해서 활용하고 높은 효과성을 기대할 수 있을 것인가?'입니다.

실질적으로 고객과의 접점에 있는 영업과 마케팅 직군의 담당자들에게 AI, 빅데이터 등의 기술은 거대 담론으로 들리기 십상이며, 조직의 구성원들에게 공통적으로 정의된 DT 개념도 부재한 상황입니다. 더불어, DT를 통해서 이루고자 하는 최종 조직 모습(비전) 등도 정확하게 정립되어 있지 않습니다. 그러므로 임직원들의 접점에 있는 HR에서는 게임 체인저Game Changer, 사람으로서 DT를 인식하기 전에 임직원들에게 업무 속에서 실질적으로 도움이 되고 활용할 수 있는 '일부'로 생각할 수 있도록 도와야 합니다.

가령, 음료 회사인 B사는 스마트 팩토리를 구축하고 적극적으로 DT에 대응하기 위한 여러 노력을 기울이고 있는 회사 중 하나

데이터로 보는 인사 이야기

입니다. 하지만 B사의 경우에도 현실적으로는 현장에서 수기 등으로 진행했던 일을 디지털 기기를 이용해서 일하는 방식을 전환하고 있습니다. 이를 통해 축적되는 데이터로 업무를 표준화하고 가치 사슬Value Chain을 변화시키는 노력을 병행하고 있습니다. 다시 말해서 AI나 빅데이터 등의 기술이 개발돼 있다고 해도 이를 현장에서 바로 적용해서 활용하기에는 인프라나 일하는 방식 등의 변화가 선행되어 있지 않기 때문에 점진적 변화를 통해서 바꿔나가야 한다는 것 입니다. 일론 머스크는 에일리언 드레드노트Alien Dreadnought(캘리포니아 주 프리몬트에 있는 완전 자동화된 테슬라 생산시설)를 통해서 더 이상 인간이 필요 없는 공장을 구현하고자 했습니다. 이를 통해서 획기적인 수준으로 가격을 낮추고 전기차의 대중화를 이뤄내고자 한 것입니다. 하지만 결론적으로 그의 실험은 실패로 귀결되고 그 역시 이 공장을 인공지능과 사람이 협업하는 모델로 변화시켜 운영하고 있습니다. 이 과정에서 새로운 기술들은 인간을 대체하는 것이 아니라 인간의 기능과 수행 수준을 높여주는 협업의 대상으로 인식하게 됐습니다. 이에 따라 자연스럽게 테슬라 임직원들 역시 AI와 협업할 수 있는 기술과 일하는 방식 등에 대해서 익혀야 하는 필요성이 생긴 것입니다. 이 지점에서 최근 많은 기업들이 관심을 기울이고 있는 업스킬링Upskilling 혹은 리스킬링Reskilling이란 개념이 나오게 됩니다.

많은 조직에서 DT를 위한 조직 변화는 몇 명의 외부 컨설턴트가 아닌 기존의 임직원을 위주로 진행되며, 기술 변화로 인해 바뀌는 업무 역시 기존의 임직원들이 수행합니다. 따라서 DT를 위한 변화에 가장 우선시 돼야 하는 HR의 역할은 바로 DT 시대에 걸맞은 일하는 방식의 변화와 업스킬링을 바탕으로 한 리스킬링일 수 있습니다. 최근 B그룹에서는 다양한 계열사에서 DT 추진 부서를 신설해 적극적으로 변화 활동을 수행 중에 있습니다. 특히 음료사, 유통사, ICT사 등에서는 대규모 투자를 통해서 조직 수준에서 변화를 위한 많은 노력을 기울이고 있다고 합니다. DT 추진을 담당하고 있는 임원들과의 간담회에서 공통으로 나온 이야기는 DT를 위한 임직원들의 공감대, 일하는 방식의 변화와 업스킬링이 가장 시급하면서도 중요한 변화관리의 단초라고 입을 모아 이야기했다고 합니다.

B그룹은 HR이 성공적인 변화관리 실행을 위해서 다양한 활동을 하고 있었는데요. 먼저 실행한 것은 조직 수준의 데이터 리터러시 수준 진단이었습니다. '측정해야 관리가 가능하다'라는 말이 있듯이 DT를 위해서는 현재 조직 수준을 진단하고 이에 대한 변화 시작점과 진척 상황 등을 관리해야 합니다. 그렇기 때문에 조직 구성원들의 일하는 방식에 대한 진단에 더해서, 최고 경영층이 이를 받아들이고 활용하고 있는지 등의 현황을 포함한 진단을 조

직 수준에서 수행해야 합니다. 더불어, 리더들에게는 디지털 리더십 검사를 활용해서 수준을 파악해야 합니다.

글로벌 컨설팅회사인 DDI^{Development Dimensions International}는 디지털 리더십을 정의하고 구성요소를 발표한 적이 있습니다. 개인 수준에서의 디지털 리터러시는 새로운 기술을 받아들일 수 있는 내적 특성과 활용하고자 하는 의도 등으로 구분해 측정할 수 있습니다. 디지털 전환에 최고 경영층이 매우 중요하기 때문에 조직 수준 진단 결과에 대한 인지와 개인 수준에서의 수용성 등도 지속적으로 측정하고 관리해야 합니다.

다음으로는 DT 실행 주체인 임직원들에게 어떻게 변화에 대한 동기부여를 해줄지가 중요합니다. 2018년과 2019년에 B그룹에서는 DT 기술 중 블록체인과 5G 기술 등을 활용해서 비즈니스 모델을 설계하는 연구회를 진행한 바 있습니다. 단순히 기술에 대한 심층 연구가 아닌 기술을 활용해서 실질적인 비즈니스 모델까지 만들어보는 것이 본 연구회의 가장 주요한 목표였습니다. 신규 사업, DT 및 전략 등에서 온 인력들이 16주 동안에 하루를 업무에서 빠져나와 비즈니스 모델을 수립하는 방식이었으며 중간과 최종 발표에서는 B그룹 내의 스타트업을 육성하는 엑셀러레이터의 총괄 임원과 그룹사의 신규 사업 임원들이 사업성에 대해 평가했습니다. 블록체인과 5G 연구회의 3~4개 아이디어는 실제로 그룹사에서 투자 요청을 받을 만큼 사업화가 가능한 수준이었습니다.

　본 연구회의 참여자들과 소통했을 때 좋은 결과를 냈던 인력들은 동기부여 수준이 매우 높았다는 공통점이 있었습니다. 그리고 사업 실행 제안을 받았을 때도 그들은 엑셀러레이터를 통해서 사업을 인큐베이팅 해보고 싶어 하는 높은 욕구도 갖고 있었습니다. 당시 연구회에 참여한 구성원들은 계열사에서도 인정받는 핵심인 재들이었는데, 이들이 회사를 그만두고라도 아이디어를 내고 실행해보고 싶어 하는 이유는 무엇이었을까요? 흥미롭게도 그들은 스스로를 회사의 직원이 아닌 1인 기업가로 규정하고 있었습니다. 회사에서 인정 받으며 짜놓은 루트를 따라가기보다는 회사와는 계약된 관계이며 주도적으로 업무를 수행하는 것은 본인의 고용 가능성Employability을 높인다고 인식하고 있었습니다.

　이러한 모습은 DT의 모범 사례라고 할 수 있는 실리콘밸리를 보면 흔하게 찾아볼 수 있습니다. 실리콘밸리 직원들의 평균 근속 기간은 3년 미만이며 본인들의 고용 가능성을 높여가며 다른 회사로 이직하거나 개인 사업을 하는 모습이 보편화되어 있습니다. 그렇기 때문에 그들은 회사의 일부로서 미래를 그려가는 것이 아니라 개인 아이디어와 전문성을 쌓아가면서 본인의 비전과 미래를 만들어 가고 있습니다. 그렇다면 DT시대의 동기부여 방식은 기존과 동일할까요? 아마 그렇지 않을 것입니다. 우선 선발 시 주도성과 고용 가능성 인식이 높은 인력을 채용해서 신규 사업 직무 등에 배치해야 합니다. 더불어, 기존 구성원 중 지속적으로 전문성을 쌓으며 고용 가능성을 키워온 인원들에게 새로운 사업과 아이디어를 실행할 수 있는 기회를 줘야 합니다. 일례로 L그룹은 사내 벤처 공모제도를 통해 구성원들이 새로운 아이디어를 제출하고자 했으며 채택된 사업안은 적극적으로 실행할 수 있도록 지원해주고 있습니다.

"DT는 단순히 기술을 도입해서 수작업으로 하던 업무를 자동화하는 개념이 아닙니다. 비즈니스 모델도 함께 바꿔야 하고, 변화로 나아가는 고통스러운 과정을 CEO와 직원이 합의해서 함께 가야 하는 긴 변화 여정이라고 인식해야 합니다." B그룹의 DT 담당 임원이 DT 추진 간담회에서 강조했던 말입니다. DT가 우리 생활에 함께 일어나야 할 변화관리 활동임을 지난 몇 년간 여러 시행착오를 통해서 얻게된 생각이라고 합니다. 그러므로 AI와 빅데이터를 통해서 HR의 변화를 만들어내는 것도 우리 HR의 주요한 역할이며 여러 임직원에게 DT에 대한 공감대와 이에 대한 변화관리 활동을 함께 하는 변화관리자Change Agent 그리고 모티베이터 Motivator 역할도 필요하지 않을까요?

글로벌 사례:
독일 기업의
Digital Transformation

우리는 대부분 지금보다 창의적이길 원합니다. 창의적인 기획자, 산업 디자이너 혹은 역사적 인물을 보고 그들의 '새로운' 생각과 행동에 즐거워하면서도 부러워합니다. 독일 하이델베르크에는 '철학자의 길'이 있는데요. 헤겔, 야스퍼스와 괴테 등이 매일 아침 그 길을 걸으며 산책을 했다고 합니다. 그 길은 약간의 오르막 길이 있지만 주변 방해를 받지 않고 온전히 '걸음'에 집중할 수 있는 고요한 분위기이며, 어느 정도 오르막을 올라가면 하이델베르크 성을 포함한 도시 전역이 보이는 길이 나타납니다. 독일의 여

데이터로 보는 인사 이야기

러 철학자들은 길에서 많은 철학적 결과물을 만들어냈습니다. 매일 아침 똑같은 길을 산책하면서 생각한 고민들이 바로 역사에 흔적을 남긴 것입니다. 아인슈타인도 마찬가지입니다. 그의 위대한 아이디어는 자전거를 탈 때 가장 많이 나왔다고 합니다. 창의성의 원천에 대한 많은 연구가 있지만, 그중 하나가 일상에서의 반복적 행동에서 오는 '익숙함'이 머릿속 '아하Aha' 순간을 만들어 준다는 것입니다.

반대로 창의성을 방해하는 가장 큰 적은 무엇일까요? 그것은 바로 '두려움Fear'입니다. 사람들은 '익숙하지 않은' 두려움을 느낄 때 자동적으로 생존에 가장 익숙한 방식으로 사고하고 행동하게 됩니다. 다시 말하면 두려움을 느낄 때 사람들은 창의적이지 못하다는 것입니다.

2017년 다보스포럼에서 클라우스 슈밥 박사가 '4차 산업혁명'이란 개념을 들고 나와 전 세계에 소개했으며, 특히 한국에 큰 영향을 끼쳤습니다. 슈밥 박사가 소개한 4차 산업혁명은 독일의 인더스트리Industrie 4.0에서 가져온 개념으로 혁신적 기술 발전에 따른 다양한 사회적 변화상을 일컫는 현상인데요. 흥미롭게도 독일은 위와 같은 개념이 전 세계에 소개되기 오래전부터 정부 주도하에 인더스트리 4.0을 준비하고 실행해오고 있었다는 사실입니다. 그래서인지 지금까지 많은 한국 조직들이 독일의 여러 기업을 방문해 그들의 변화 대응 방식을 배우고자 했습니다. 그렇다면 독일 기업들은 최신 기술을 이용해서 얼마나 대대적인 자동화와 개선 활동을 하고 있을까요? 그리고 이를 위해 HR에서는 무엇을 할까요?

필자 중 한 명은 최근 독일 출장에서 5개 기업을 방문했습니다. 세계적 화학회사인 바스프BASF와 전세계 가장 혁신적 기업 중 하나인 SAP, 그리고 중견 제조회사인 Knick과 Samson AG를 방문하고 포르쉐 공장을 견학했습니다. 다섯 회사 모두 독일에서 시작해서 성공적으로 4차 산업혁명에 적응하고 변화하고 있는 대표적인 기업이라고 할 수 있는데요. 그러면 HR 관점에서 바라본 독일 기업들의 4차 산업혁명 변화는 얼마나 극적이었을까요? 우선, 가장 자주 들을 수 있던 단어가 바로 '상생Win-Win'이었습니다. 필자가 방문했던 기업 모두 두 가지 측면에서의 상생을 계속 강조하고 있었습니다.

우선 기술과 사람의 상생입니다. 이는 직관적으로 이해하기 힘든 부분이었습니다. 왜냐하면 4차 산업혁명은 인공지능을 대표로 한 기술 진보가 핵심이며, 이를 통한 자동화가 주요한 결과물이었기 때문입니다. 포르쉐는 총 3개의 공장이 있고 전 세계에 자동차를 수출하고 있었는데, 대부분의 공정을 자동화할 수 있는 수준에 접근해 있었습니다. 그러나 그들은 자동화 수준을 60~70% 수준으로 조정하고 더 이상 진행하지 않는다고 합니다. 왜냐하면 더 이상의 기술 도입은 기업의 생산성을 높일 수는 있지만, 식구인 포르쉐 구성원을 잃을 수도 있다고 생각하고 있었기 때문입니다. 또한, 포르쉐의 고유 가치는 사람을 통한 장인 정신과 혁신에 있다고 믿기 때문이었습니다.

둘째는 지역 및 타 기업과의 상생입니다. 바스프[BASF]와 SAP는 세계적으로도 큰 회사이기 때문에 한 지역이 바스프 도시 그리고 SAP 도시라고 불릴 정도였습니다. 그런데 흥미로운 것은 Knick이나 Samson AG와 같이 규모가 비교적으로 작은 회사들 역시 본인들이 속해 있는 지역 사회에 일자리 창출과 환경문제 해결에 기여하고자 오랫동안 노력해왔다는 점입니다. 또한, 다른 기업과의 협업을 넘어선 지속가능한 상생이 강조되고 있었습니다. 특히 SAP는 클라우드 회사로서 정체성을 다시 세우고 비즈니스를 수행하면서 가장 큰 경쟁사인 아마존[Amazon]과 생태계[Eco-System]를 구축해서 보다 높은 수준의 혁신을 시도하고 있었습니다. 결국 지역 및 타 기업과의 상생은 궁극적으로 기업의 지속 가능성을 높여주는 중요한 역할을 하기 때문에 강조되고 있었습니다.

다음으로 사명, 회사의 존재 목적에 대한 그들의 존중이 인상 깊었습니다. 결국 4차 산업혁명은 기술적 변화에 따른 회사 변화일 뿐이지 회사가 존재하는 목적을 바꾸지는 못합니다. 바스프는

'We create chemistry'란 회사 목적Purpose을 대내외로 알리고 있는데, Chemistry(화학)라는 단어가 그들의 산업 전환 및 확장에 제약을 줄 수 있음에도 불구하고 오히려 Chemistry를 넣음으로써한 분야에 집중하여 세계 최고가 된다는 가치관을 실현하고 있었습니다. 이는 Knick과 Samson 등에도 적용되는 내용이었습니다. 물론 ERPEnterprise Resource Planning(전사적자원관리) 회사에서 클라우드 솔루션 회사로 탈바꿈하고 있는 SAP는 조금 다르게 보일 수 있지만 결국 그들의 존재 목적 역시 기술을 이용해 고객의 삶에 차별적 가치를 제공하는 것이기 때문에, 일맥상통한다고 볼 수도 있었습니다.

요약하자면 독일의 여러 기업들은 기술과 사람 그리고 지역사회 및 타기업간 상생을 중요시하고 변화의 시대에 존재 목적을더욱 공고히 하여 회사의 비즈니스를 전환하고 있었습니다. 우선HR에 종사하는 사람으로서 이러한 두 가지 키워드는 예상과는 매우 다른 부분이었습니다. 독일 기업이 보여주는 상징적인 모습인HR의 자동화Automation만을 예상하고 갔던 필자에게 '상생'과 '존재목적' 등은 다소 너무 '뻔한' 단어였기 때문입니다. 하지만 여러기업을 둘러보고 소속 임직원의 설명을 들었을 때 고개를 끄덕일수밖에 없었습니다.

결국 경계를 넘나드는 협업이 없이는 더 이상 고객의 기대를 뛰어넘는 혁신을 만들 수 없고, 지역 사회 구성원들은 기업을 돈만 버는 '기계'가 아니라 미래를 함께 살아갈 '파트너'로 기대하고 있기 때문에, 지속가능성장을 위해서는 상생이 필수적이라고 보고 있는 듯했습니다. 더불어, 기존과는 다른 변화가 발생했을 때, 조직 구조나 운영 방식 등을 바꿀 수 있어도 결국 조직 근간이 되는 철학이나 운영 지침 및 존재 목적 등은 바뀌지 않아야 더욱 변화에 유연하게 대처할 수 있다고 믿고 있었습니다. 인더스트리 4.0 시대의 기업은 더욱 창의성을 높이기 위해서 노력하고 있지만 조직 구성원들은 일자리가 사라질 가능성과 새로운 기술을 익혀야 한다는 두려움에 사로잡혀 있습니다. 독일 기업들은 상생과 사명에 집중함으로써 급속한 변화의 시대에는 새로운 영역으로 무리한 확장보다는 기업의 존재 목적에 집중한 강점 강화가 필요하다는 것을 보여주고 있었습니다.

그렇다면 한국 기업들의 변화 모습은 어떨까요? AI, 머신러닝 등의 기술을 빠르게 도입해서 효율성을 높이는 데만 최선을 다하고 있는 것은 아닌지 걱정 됩니다. 더불어, HR은 이러한 변화를 지원하기 위해서 AI로 사람을 채용하고 우리 임직원을 데이터로만 보는 것은 아닐까요? 결국 우리 HR의 존재 목적이 조직 내 '사람'의 여러 활동을 지원하는 것이라면 우리가 집중해야 할 것은 기술이 아닌 사람일 것이고, 그들과 그들이 속해 있는 지역사회와 함께 상생^{Win-Win}하는 것 아닐까요? HR담당자들에게는 사람이 너무 익숙할 수 있지만 그럼에도 불구하고 사람에 집중해 매일 같이 고민하다 보면 '철학자의 길' 위 독일 철학가들처럼 새롭고 본질적 변화 방법을 찾아낼 수 있지 않을까 싶습니다.

데이터로 보는 인사 이야기

데이터로 보는
인사 이야기
I-채용

들어가며:
객관적이고 싶은 당신에게

글을 읽기 전 잠시 생각해 봅시다. 올해가 어느 정도 지난 시점에서 올해 초에 세워 둔 다짐을 얼마나 지키셨나요?. 10가지 목표를 세웠고 그중에서 5개 이상을 이루기 위해서 실천하거나 노력중 이신가요? 아니면 3개 미만이라도 이를 실행하기 위해서 애쓰고 있을까요? 만약에 3개 미만이라고 해도 자책할 필요는 없습니다. 왜냐하면 80% 이상 사람들이 연초 계획 중 3개 미만을 실행하고 있기 때문입니다.

새해 다짐을 지키는 것은 왜 이렇게 어려울까요? 여러 이유가 있겠지만 우리는 은연중에 '새해'는 '올해'만 있는 것이 아니라 '내년'에도 있을 것이라는 안심하고 있기 때문입니다. 그렇다면 내게 주어진 새해가 올해 한 번뿐이라면? 아마도 10개를 전부 이루기 힘들 수도 있지만 8~9개는 실천하고 성취하기 위해서 노력하지 않을까요? 이처럼 우리에게 '끝'이 있음을 인식하는 능력은 놀라운 실행력과 실천 의지를 가져다줍니다. 시험 전 벼락치기를 하면 엄청난 집중력을 보이고, 마감기한 전에는 없던 아이디어도 떠오르는 마법이 벌어지는 이유가 바로 '끝'을 인지하고 있기 때문입니다.

우리가 살아가는 지금 세상은 끝에 대해 더욱 민감하게 반응하고 있습니다. 'AI가 내 일자리를 대체할 것이다!' '2025년까지 포춘 500대 기업 중 절반이 문을 닫을 것이다' 등의 미래 생존을 위협하는 여러 '끝'에 대한 예측이 쏟아져 나오고 있습니다. 자연스럽게 사람들은 절박한 마음으로 내 직업과 직장의 '끝'을 막기 위해 준비하고 주변을 살펴봅니다. 절박한 우리에게 멀리서 구세주와 같이 외침이 들리는 거 같습니다. 'AI 시대의 필수 역량: 데이터 사이언티스트' '5G/블록체인 속성 과정', 좁게는 우리 HR 부서를 들여다보면 많은 예산과 시간을 데이터 사이언티스트를 채용하고 육성하는 데 쓰고 있으며, 5G/블록체인 기술 등을 구성원들에게 교육하는데 많은 노력을 기울이고 있습니다. 이러한 기술적 변

　　　　　　　　　　　　　　데이터로 보는 인사 이야기

화에 빠르게 대응하는 것도 중요한 영역이지만, 더 넓은 관점으로 왜 이러한 변화가 시작되었는지를 살펴보는 것이 필요한 시점인 것 같습니다.

역사적으로 살펴본다면 궁극적인 변화는 기술보다는 경영, 경영보다는 경제, 그리고 경제보다는 정치와 사회 등에 의해서 추동되어 왔습니다. 가령, 우리가 겪고 있는 COVID-19 사태만 하더라도 의학적인 수준에서 치사율이 높을 수도 있지만, 독감이나 한 해 교통사고로 인해서 죽는 사망률과 비교하면 크게 높은 수준은 아닙니다. 결국 더욱 큰 문제는 '사람들이 COVID-19를 어떻게 인식하고 있고, 이로 인한 영향력을 어떻게 믿고 있는가?'입니다. 다시 말해 하나의 현상에 대해서 한 사람이 갖고 있는 신념과 가치가 결국은 우리를 둘러싼 여러 환경에 큰 영향을 미친다는 것입니다. 이처럼 변화의 기저를 본다면 결국 우리가 '어떻게 믿는가'가 큰 영향을 미친다고 할 수 있습니다. 앞으로 새로운 기술이 계속 등장하더라도 우리가 그 효용성과 파급력에 대해서 큰 가치를 두지 않는다고 하면 연쇄적인 경영, 경제, 정치 및 사회에 큰 변화를 불러오지 못합니다. 이처럼 우리가 갖고 있는 신념은 매우 중요합니다.

그러한 의미에서 HR이 갖고 있는 신념 중 주의해야 할 것이 바로 객관성에 대한 믿음입니다. "우리는 공정하고 객관적으로 신입사원을 채용하기 위해서 복수의 평가자를 훈련 시키고 평가도 한 후에 면접에 활용하고 있어!", "우리는 AI를 활용하고 있으므로 보다 객관적인 HR 활동을 하고 있어!"라는 믿음이 우리가 주의해야 할 객관성에 대한 맹신입니다.

그렇다면 우리는 얼마큼 객관적일 수 있을까요? 제조업 기반의 C사는 3개년 치의 신입사원 인지능력 검사, 성격 진단, 면접 점수 및 교육 과정의 평가 결과를 바탕으로 성과를 예측하는 데이터 분석을 수행했습니다. 흥미롭게도 학력 수준, 전공 등에 따라서 성과가 차이를 보이지는 않았지만 성별에 따른 차이는 유의미하게 드러났습니다. 즉, 여자들이 남자들보다 유의미한 수준으로 인지능력 검사, 면접 점수 및 교육 과정에서의 점수가 높았고 이는 성과와 유의미한 관련성을 보이고 있었습니다. 그리고 데이터를 조금 더 세분화해서 봤을 때 특이한 결과를 볼 수 있었는데 바로 면접 전형에서 여자와 남자의 결과가 판이하게 다르다는 점이었습니다. 남자들에 비해 여자들이 일관되게 높은 결과를 보이고 있었지만, 하나의 전형에서 반대의 결과를 나타낸 것이 있었는데 바로 리더급 인력의 면접이었습니다. 공교롭게도 C사는 오랜 기간 면접 위원에 대한 훈련과 평가 그리고 관리에 공을 들였기 때문에 리더들 역시 공정한 평가를 한다고 자부하던 상황이었는데 이러한 결과가 나온 것입니다.

데이터로 보는 인사 이야기

전 세계적 베스트셀러 작가인 말콤 글레드웰의 최신작인《타인의 해석》에서는 사람들이 다른 사람을 어떻게 인지하고 평가하는지에 대한 여러 사례가 나옵니다. 말콤에 따르면 대면인터뷰는 면접관이 피면접자를 '이해하려는 노력하는 과정'일 뿐, 보다 공정성과 객관성이라는 효용을 높여주지는 못한다고 강조하고 있습니다. 하나의 예시로 세계 2차 대전이 일어나기 전에 연합군의 체임빌런은 히틀러를 세 차례 이상 만났고 그에 대해서 긍정적인 평가를 내렸다고 합니다. 반면, 윈스턴 처칠은 히틀러를 직접 만나본 적은 없지만, 글을 통해서 히틀러가 가진 선동성과 폭력성 등을 알아챘다고 합니다. 직접 만나 여러 신호를 통해서 한 사람을 정확하게 판단할 수 있을 것이라는 신념이 결국 체임빌런에게는 큰 오판을 내려준 계기가 됐다는 것입니다. 이처럼 사람이 다른 사람을 평가하는 활동은 우리 생각보다 훨씬 주관적이고 덜 정확하게 일어납니다.

이는 대면 만남 뿐만 아니라 심리진단에서도 나타납니다. 사회적 바람직성Social Desirability은 나의 성격, 태도 및 가치 등을 사회적으로 바람직해보이는 모습대로 꾸며서 진단 및 검사 등에 응하는 태도를 의미합니다. 이를 해결하기 위해서 심리학적으로는 인상관리Face Management 측정, 통계적으로 신뢰도Reliability 등을 측정하고 더욱 나아가서는 다면평가 등을 활용하기도 합니다. 이런 이유에서 사람에 대한 의사결정을 하는 HR부서에서는 심리진단 결과에 대해서 의구심을 갖고 있으며 꾸준히 다른 방법을 찾습니다. 여러 대안 중 하나가 바로 생체 신호^{Vital Signal}을 이용한 진단 방법입니다. 최근 뇌과학, AI 등을 통해서 면접을 본다는 방식이 바로 사람이 가지고 있는 인상, 목소리, 반응 속도 등을 활용해서 개인 성격, 가치 및 역량 등을 측정한다는 것이죠. 이러한 방식은 엄청난 양의 데이터가 축적되어 있고 이를 해석할 수 있는 기술이 발달해서 구현 가능한 방식이기도 하지만 면접 현장 등에서 의도된^{On purpose} 모습에 더 이상 속지 않고 싶다는 조직 의지를 반영하기도 하는 것입니다. 한 예로 필자는 채용도구 개발 업무를 하면서 다양한 채용 담당자들과의 인터뷰를 진행한 적이 있는데, 대다수의 채용 담당자들이 갖고 있는 요구사항과 이슈는 구직자들이 지원서와 면접에서 보이는 속임^{Faking}을 어떻게 측정하고 걸러낼 수 있느냐였습니다.

국내 한 IT 회사에서 공격적으로 마케팅하고 많은 사람들의 관심을 사로잡은 AI 면접은 얼굴 표정, 목소리, 신체 반응 등의 여러 요소를 통해서 한 개인의 역량과 동기 요소 등을 측정한다고 합니다. 이 방식의 대표적인 근거가 바로 뇌과학이라고 홍보하고 있으며, 실질적으로 다양한 뇌과학 연구들이 이러한 방식의 면접 효과성을 입증하기도 합니다. 가령, 풍선 불기 게임 등을 통해서 개인이 갖고 있는 위험 감수 성향과 회복 탄력성Resilience 등을 측정하는 방식은 직관적으로도 수긍이 되기도 합니다.

더불어, 피면접자의 목소리 톤 등을 통해서 심리적 안정성과 스트레스 지수 정도를 파악하는 부분은 일정 부분 임상 연구를 통해서 입증된 바 있습니다. 개인이 갖고 있는 여러 신체 정보를 활용해서 성격과 태도 등을 추론하는 방식에 더해 화상면접에서 나오는 구술 정보Verbal를 문자Speech to Text로 옮겨서 이를 통해 역량을 측정하는 방법도 심리학적인 근거가 있습니다. 일본의 A사는 고성과자들이 보이는 주요한 단어 패턴을 이용해서 서류 전형에서 활용하고 있고 그 효과성을 입증했다고 홍보한 바 있습니다. 빅데이터, 뇌과학 그리고 AI 등을 활용해서 사람의 신체 정보를 활용하고 이를 통해 객관적으로 측정할 수 있다고 믿을 수 있는 시대가 HR에도 열렸다고 할 수 있는 것입니다.

그러나 아쉽게도 이러한 신념은 아직까지는 위험합니다. 우선 최첨단 기술을 이용해서 채용한 인력들이 실질적으로 조직 내에서 근무하면서 성과를 내고 있는지, 채용 시에 측정해서 봤던 성격 및 가치 등이 근무하면서 측정 결과대로 발휘되는지 등에 대한 타당화 연구가 부족하기 때문입니다. 실질적으로 매년 미국에서 열리는 HR 테크놀로지 컨퍼런스에서도 여러 기술 회사들에 따르면 최첨단기술을 활용한 채용 사례 등은 비교적 영향력이 약한

초기 단계^{Entry Level}에서 사용되는 경우가 많이 있었으며 이 조차도 향후에 근무를 하면서 그 판단이 잘못됐을 경우 상당히 유연하게 대처할 수 있기 때문에 폭넓은 활용이 가능하다고 합니다. 그렇기 때문에 우리나라와 같이 한번 고용되면 향후에 대처가 어려운 노동 시장에서 신기술을 이용한 채용 등을 아직까지는 활용하기가 어렵다고 할 수 있겠습니다.

둘째, 우리는 조직에서 혼자서만 일하지 않습니다. 개인 역량으로 대변되는 인적 자본^{Human Capital}의 영향력도 크지만 실질적으로 우리는 사회적 자본^{Social Capital}을 활용해서 다양한 사람들과 협업하고 소통하면서 일을 수행합니다. 더불어, 조직 내 자본^{Organization Capital}인 시스템 등을 활용해서 성과를 창출하는 존재입니다. 실질적으로 인적 자본이 성과에 미치는 영향력이 30% 미만이라는 연구가 여럿 있기 때문에, 조직 내에서 지속적으로 성과를 낼 수 있는지는 사회적 자본과 조직 자본을 잘 활용할 수 있는지 여부도 매우 중요합니다. 그러므로 새로운 기술을 이용해서 한 개인의 특징만을 본다는 것은 여러모로 그 예측력이 떨어진다고 할 수 있겠습니다.

그렇다면 대체 어떻게 하라는 말인가요? 인터뷰를 통한 측정, AI, 뇌과학 등을 이용한 평가 역시 불완전하다면 우리는 어떻게 사람을 측정하고 평가할 수 있을 것인가? 대답은 우리들의 신념에 있다고 봅니다. 1~2회 면접과 새로운 기술을 통한 개인의 특징을 측정하는 방식은 사람을 인적자원Human Resource이라는 관점을 보는데 근거합니다. 다시 말해서, 공장 부품들과 같이 사람을 하나의 '자원'으로 보고 이들을 최대한 효율성 관점에서 관리하고 예측하려는 믿음에 근거한다는 것입니다. 그렇기 때문에 객관적일 수 있다고 믿는 것이죠. 그러나 우리는 하나의 부품과 같은 '자원'이 아닌 '사람People'을 대하는 일을 하고 있습니다. 사람은 하나의 상황에서도 다른 감정을 느끼고 다른 행동을 보이는 멀티 페르소나Multi-Persona를 지닌 가변적이고 주체적인 존재이며, 다양한 가치와 믿음 체계를 가지고 살아갑니다. 단순히 면접 현장에서 단편적으로 보이는 여러 목소리, 톤, 표정 등을 통해서 앞으로 겪게 될 다양한 조직 현장에서의 반응을 예상할 수 없는 복잡한 존재라는 의미입니다. 그러므로 우리는 객관적이기 위해 다양한 기술과 노력을 지속적으로 하면서도 동시에 우리가 대하는 사람은 지속적으로 변화할 수 있고 주관적인 존재라는 기본적인 가정과 신념을 가지고 대해야 합니다. 오늘부터라도 옆의 동료와 내가 대하는 직원들을 Human Resource가 아닌 People로 대하는 마음가짐을 가져보면 어떨까 라는 스스로의 다짐으로 마칩니다.

AI를 통한 채용: People Analytics의 공약불가능성

'패러다임Paradigm이 변하고 있다!'는 표현을 우리는 자주 씁니다. 조직이나 사회에서 일어나는 현상이나 세계관 혹은 트렌드 등이 변화할 때 일반적으로 많이 사용하는 말입니다. 패러다임이란 단어는 《과학혁명의 구조》를 저술한 미국의 과학철학자인 토마스 쿤Thomas Kuhn이 처음 사용했던 개념으로 과학의 발전을 설명하기 위해서 고안해냈다고 알려져 있습니다. 토마스 쿤은 과학이 발전해가는 과정은 점진적인Incremental 성격으로 진행되지 않고 과거와 단절적으로 일어난다고 주장합니다. 그렇기 때문에 새롭게 발전되어 넘어온 단계는 과거와는 완전히 다른 모습을 보이며 그로 인해서 서로 같은 잣대로 비교가 불가능한 특성을 지닙니다. 이를 토마스 쿤은 '공약불가능성Incommensurability'이라는 개념으로 설명합니다.

현재 기업들은 이전과는 완전히 다른 변화를 겪고 있습니다. 딥 체인지Deep Change, 게임 체인지Game Change 등의 전략은 그 의미는 같지만, 회사마다 다른 용어로 설명되기도 합니다. 기업들의 이러한 변화를 추동하는 가장 큰 동력은 기술적 진보라고 할 수 있습니다. AI, 빅데이터 등의 기술은 우리 HR의 일하는 방식에도 큰 변화를 가져오고 있습니다. 그중에서도 대표적인 변화가 바로 People Analytics입니다. People Analytics에 대한 여러 정의가 있지만 필자들은 '비즈니스 문제를 해결하기 위해 피플 데이터를 다양한 기술을 통해서 분석하는 방법'이라고 정의하고자 합니다. 이러한 정의 하에 다양한 People Analytics 활동이 여러 현장에서 일어나고 있는데요. 특히 기업 HR 현장에서는 디지털 트랜스포메이션 시대에 People Analytics를 적용하기 위해서 데이터와 AI 등을 적극적으로 도입하려고 하는 상황입니다. 하지만 이러한 변화 활동이 합리적으로만 일어나고 있는 것 같지는 않습니다

대표적인 사례가 바로 AI 기술을 채용 활동에 적용하는 부분입니다. 현재 많은 국내외 컨설팅사들이 여러 AI 기술을 개발해 채

용에 적용할 수 있는 사례를 적극적으로 홍보하고 있으며 해외에서도 관련 활용이 늘어나고 있습니다. 채용 활동에서 구직자들에게 가장 중요한 부분 중 하나가 바로 '공정하게' 채용이 진행되고 있는가에 대한 인식입니다. 여러 연구 결과를 보더라도 공정한 채용은 지원하는 회사에 대한 매력도를 증가시켜주고 동시에 구직에 실패하더라도 구직자들이 결과를 수용하는 정도를 높여준다는 측면에서 매우 중요한 요소입니다. 이런 이유로 면접관을 통한 전통적인 채용보다는 AI를 통한 채용이 주관성이 배제돼 구직자들에게 공정하게 인식될 것이라는 믿음이 큽니다. 따라서 많은 기업들이 채용에서 AI 활용을 늘려가고 있습니다.

AI를 통한 다양한 기술 중에서 활용도가 가장 높은 것이 바로 성격진단Personality Instrument입니다. 많은 회사에서 성격진단을 채용도구로 활용해오고 있고 HR전문가들 또한 이를 고도화하고 운영하기 위해 상당한 비용과 시간을 투입하고 있습니다. AI 성격진단은 비용과 시간적인 측면에서도 높은 수준의 효율화를 기할 수 있어서 HR부서에도 매력적입니다. 또한 구직자들에게도 채용이 공정하게 진행된다는 인식을 줄 수 있기 때문에 회사들은 도입에 적극적입니다.

AI를 통한 성격진단의 대표적인 방식은 구직자가 면접을 통해서 한 말을 텍스트로 변환하거나, 그들이 직접 쓴 글이나 에세이를 통해서 지원자의 성격을 측정하는 방법입니다. 이 과정에서 AI 는 어떻게 말과 글을 분석해서 성격을 추론할 수 있는 것일까요? 여러 방법이 있겠지만 AI가 활용하는 원리는 우리 HR이 그동안 해오던 방식과 크게 다르지 않습니다. 바로 어휘가설Lexical Approach 에 기반한 성격진단입니다. 어휘가설의 기본은 사람은 자신이 사용하는 단어와 형용사를 통해서 그들의 가치와 성격 등을 추론할 수 있다는 믿음에 있습니다. 다시 말해서, 특정한 주제에 대해서 본인이 생각한 바를 표현하기 위해서 활용하는 형용사 등으로 성격을 추론할 수 있다는 것입니다.

미국의 사회심리학자인 골든 알포트Golden Allport는 사람들이 갖는 개인차를 성격을 통해서 설명하고 싶어 했습니다. 당시만 하더라도 프로이트가 과거에 대한 기억과 무의식을 통해서 성격을 추론하던 방식이 주를 이룰 때, 알포트는 새로운 방법을 고안하고 싶어 했고 사람들이 사용하는 형용사를 통해서 성격을 추론하려는 시도에 이르렀다고 합니다. 그는 웹스터 사전에서 성격을 추론하는 형용사를 약 4,500개가량을 추려냈고 이를 비슷한 특성끼리 묶는 요인 분석Factor Analysis을 실시해서 5가지로 성격을 구분할 수 있음을 알게 됐습니다. 이 구분이 대표적으로 많이 활용되고 있는 성격 5요인, Big Five입니다.

어휘가설의 믿음 하에 현재 많은 성격진단 도구들이 지원자들의 성격을 측정하고 있습니다. AI를 통한 채용 역시 비슷한 원리인데요. 개인 생각이 반영되어 있는 말과 글을 분석하면 형용사 등을 분석해서 성격을 진단하는 원리입니다. 이는 기존 성격 진단과 크게 다르지 않은 방식입니다. 이 과정에서 AI 역시 한 사람의 성격을 진단하기 위해서는 기존의 도구와 동일한 '기준'을 갖고 있어야 합니다. 다시 말해서, 진단 도구로써 필요한 전제 조건은 측정하고자 하는 바를 제대로 측정하는 가에 대한 '타당도'와 일관성 있게 측정 결과를 보여주고 있는가 하는 '신뢰도'입니다. HR전문가들이 개발해 활용하는 진단 도구는 신뢰도와 타당도를 매우 중요하게 다루지만, AI는 기술에 대한 굳은 신념 때문인지 중요한 선결조건에 대해서 많이들 민감하지 않게 고민하지 않습니다. 가령, 게임을 통해서 개인의 성격을 추론하는 방식이나 표정과 목소리를 통해서 한 사람의 성격을 진단하는 방식이 AI라는 이름으로 최근 많이 활용되고 있습니다만 정작 관련 진단의 신뢰도와 타당도를 분석해서 HR에 제시해주는 곳은 많지 않습니다.

한국에서 실시됐던 한 연구에 따르면 AI를 통한 채용 활동이 구직자들에게 우호적으로 인식되기도 하지만, 4~5년 최선을 다해서 노력했던 '나의 노력'이 몇 초 만에 수치화되어 결과가 나온다는 것에 대해서는 부정적인 의견이 지배적이었다고 합니다. 즉, 지원자들은 객관적이기를 바라면서도 동시에 본인들이 했던 노력에 대해서는 지원한 회사에 의해서 충분히 검토되기를 동시에 바란다는 것입니다. 그렇다면 AI를 통한 채용 도구 역시 효율성 측면에 장점이 있다면 그 도구의 타당도와 신뢰도 역시 활용하기 전에 담보되어야 합니다. D사에서는 컨설팅 B사가 제시하는 AI 성격 진단 도입을 고려하던 중에 자체적으로 해당 진단의 타당도와 신뢰도를 분석한 바 있습니다. B사는 AI에서 세계적으로 유명한 엔진을 쓰고 있기 때문에 성격 진단 역시 믿을만하다고 주장했고, 추가적으로 이론적 배경과 원리 등을 제시했지만 데이터로 증명하지는 못했습니다.

D사 HR의 분석 결과, AI 성격진단은 일관되게 성격을 측정하지 못했고, 기존 성격 진단과의 관련성 역시 거의 없는 것으로 나타났습니다. 즉, 채용을 위한 의사결정 도구가 되기 위해 필요한 신뢰도와 타당도가 아직은 부족했다는 말이죠. 이러한 이유로 D사는 최종적으로 B사의 AI 성격진단 도구 도입을 포기했다고 합니다. 이후 B사 기술팀에 분석 결과를 공유했고, 토의 한 결과 B사의 진단 도구가 머신러닝이 부족해 그 결과가가 신뢰하기 어려운 수준이었다는 답변을 들었습니다.

HR에서도 DT시대를 대비하기 위해서 많은 기술과 데이터를 활용하고 있습니다. 이를 적극적으로 활용해서 HR 트랜스포메이션을 만드는 활동이 바로 People Analytics기도 합니다. AI를 통한 채용 역시 비슷한 맥락입니다. 최첨단 기술을 HR 활동에 적용해 서비스를 제공하는 회사들에서는 "뇌과학^{Neuroscience}을 활용하기 때문에…" "머신 러닝은 블랙박스 모델이기 때문에…" 등 기술의 타당도와 신뢰도를 증명하기 힘든 여러 이유를 제시합니다. 물론 기술적으로 동의되는 바이며 타당한 설명이기도 합니다. 그러나 디지털 전환 시대의 기술은 HR에서도 사람을 대체하기 위해 적용되어야 할 것이 아니라, 사람이 갖고 있는 여러 측면을 보다 정확하게 측정하고 관리하며 예측하기 위해서 활용되어야 합니다. 이를 위해서는 기술에 대해 임직원들이 어떻게 인식하고 있는지에 대한 고민도 필요하고, 이를 활용하는 HR 부서에서는 더욱 깊고 치열한 고민과 연구를 해야 합니다.

HR 패러다임이 변하고 있습니다. 우리가 하는 다양한 HR 활동 역시 공약불가능한 성격으로 앞으로 더욱 빠르게 전환될 것입니다. 그러나 변화가 기술을 위해서 존재해서는 안됩니다. DT에 대응하기 위해서 기술 적용이 목적이 아니라 높은 성과 창출과 지속 가능성 확보 및 구성원의 행복한 직장 생활을 위해서 HR이 기술을 보다 영리하게 '활용'해야 할 것입니다. 공약불가능한 HR 변화를 대응하기 위해 우리는 '글로벌 회사, 컨설팅 회사가 제시해서 옳을 것이다'라는 기존의 믿음 체계가 아닌 스스로 조그만 것이라도 연구하고 밝혀내려는 노력을 시작하는 것이 어떨까요? 그

데이터로 보는 인사 이야기

러한 노력은 데이터를 통해서 조직이 갖고 있는 문제를 스스로 정의하고 이를 분석해보는 작은 노력에서 시작될 것입니다. 이를 통해 조직 내 People Analytics가 적용될 수 있고, HRer로서의 역량이 공약 불가능한 수준으로 올라갈 수 있지 않을까? 라는 희망으로 글을 마칩니다.

선발을 위한
예측 모델링

'눈빛만 봐도 얼마나 근무할지 알 수 있어요!'

필자가 채용 컨설팅 업무를 수행할 때 유통업의 관리자 한명이 한 말입니다. 모그룹의 회장께서 면접 시에 관상을 보는 사람을 대동했다는 말은 공공연한 비밀이듯 채용에 대한 이야기는 참으로 조직마다 다양합니다. 구글 HR은 본인들의 업무 중 90% 이상이 채용이라고 직접 밝힐 만큼 채용은 HR 활동에서 높은 우선순위를 차지합니다. 이러한 관심은 COVID-19 이후로 더욱 커지고 있는 추세인 것 같습니다. 우선 팬데믹으로 인해 회사 매출 및 이익이 감소하여 회사들이 앞다퉈 구조조정을 하고 있기 때문에 신규 채용에 대한 소요가 급격하게 줄어든 상황입니다. 이에 더해 구조조정된 인력들 역시 새로운 직장을 구하고 있습니다. 이렇듯 구직자들의 선발 및 채용에 대한 관심이 어느 때보다 높은 시기입니다. 다음으로 COVID-19으로 인해서 조직들에서는 AI, 빅데이터 등의 기술을 더욱 적극적으로 활용하기 시작했습니다. 더불어, 직접 만나서 면접을 볼 수 없는 상황이 되다 보니 비대면 면접 및 채용 도구에 대한 관심도 굉장히 높은 시기라고 할 수 있습니다.

그러나 현재 많은 기업들이 집중하고 있는 부분은 단순히 새로운 기술 도입에 그쳐있기 때문에 새로운 기술을 활용한 채용이 얼마나 효과적인지에 대한 고민은 충분히 이뤄지지 못하고 있습니다. 가령, 비대면 면접의 경우 여러 선행 연구(Skinkle, & McLeod, 1995; Basch)에서 다양한 문제점이 제기되고 있습니다. 특히 면접에서 가장 중요한 정보 중 하나인 비언어적 행동(제스처 등)을 적절하게 평가하지 못하며, 구직자들에게도 본인 역량이 제대로 평가받지 못한다는 인식을 준다는 것입니다. 그럼에도 불구하고 비대면 면접은 피할 수 없는 흐름이며 우리가 취할 방안은 비대면 면접을 보완 또는 대체할 수 있는 방법을 고민해볼 수 있습니다. 가령 많은 조직에서 채용에 활용하고 있는 성격 진단과 인지능력 검사는 비대면 면접의 보완재 혹은 대체재로서 기능할 수 있을 것입니다. 여러 연구를 통해서 이러한 진단과 검사는 대면이든 비대면이든 효과성에서는 큰 차이를 보이지 않고 있으며, 미래 성과를 예측하는데 높은 타당도를 보이고 있었습니다. 지난 100년간의 채용 도구의 성과 예측 타당도 연구를 종합한 결과에 따르면 인지능력검사가 미래 성과를 예측하는데 가장 높은 타당도를 보이고 있었습니다 (Schmidt, Oh, & Shaffer, 2016).

이러한 상황에서 필자들은 '비대면 면접을 인성 진단과 인지능력검사가 보완 혹은 대체할 수 있을까?'에 대한 질문을 가지고 데이터를 분석해봤습니다. F사는 채용 시에 진단 및 검사를 활용해서 1차적으로 선발 작업을 수행하고 이 단계를 넘어온 인원에 한해서 비대면 면접을 진행하고 있었습니다. 필자들은 우선 F사 채용팀의 요청으로 채용에서 활용되었던 진단 및 검사, 그리고 면접 점수를 받았고 분석하기 위한 모델 수립에 들어갔습니다. F사는 성격 진단에서 6개 요인을 활용하고 있었으며, 인지능력은 4가지 요인으로 언어력, 추론력, 수리력, 공간지각력을 측정하고 있었습니다. 첫 번째로 궁금했던 점은 과연 '인성 진단 및 적성 검사가 면접 점수를 얼마나 잘 예측하는가?'였습니다. 이 질문의 주요한 목적은 만약 인성 진단과 적성 검사가 면접 점수를 합리적인 수준에서 예측할 수 있다면 비대면 면접의 비중을 줄이고 인성과 적성의 비율을 높임으로써 비대면 면접의 줄일 수 있다고 봤기 때문입니다. 인성 진단과 적성 검사가 각각 6개, 4개의 요인으로 구성되어 있으며 특정 기준에 따라서 합격과 불합격여부가 결정됩니다. 그런데 실질적으로 10가지 요인 중 어떠한 요인이 면접 결과를 잘 예측할 수 있는지를 살펴봄으로써 보다 효율적 채용 의사결정이 되지 않을까? 하는 두 번째 기대가 있었습니다.

샘플 인원은 약 2,000개였으며 총 10개의 변수 중에는 6가지 성격 요인(O1-O6)과 4가지 인지능력(A1-A4)이 분석에 투입되었습니다. 각 변수 당 모델에 선택되거나 선택되지 않은 두 가지 경우의 수(가령, O1을 선택하거나 선택하지 않은 경우)를 고려하면 총 2^{10} = 1,024개의 모델이 비교될 수 있었습니다. 그렇다면 천 개가 넘는 후보 모델 중에서 어떻게 좋은 모델을 추려낼 수 있을까요? 회귀분석에서 "좋은 모델"이란 단순하면서도 데이터를 잘 설명할 수 있는 능력이 있어야 합니다. 따라서 좋은 모델들을 선별하기 위해 Akaike information criterion(AIC; 아케이케 정보 기준)과 Bayesian information criterion(BIC; 베이지안 정보 기준)을 활용했습니다. AIC와 BIC는 "좋은 모델"을 수치로 나타내 주며, AIC와 BIC값이 낮은 모델일수록 선호될 수 있습니다. BIC는 AIC보다 더 단순함을 선호하기 때문에, 표 1과 같이 BIC 값이 가장 낮은 M1-B모델(O2+O4+A1+A4)이 AIC 값이 가장 낮은 M1-A모델(O1과 O3을 제외한 모든 변수를 포함)보다 더 단순합니다. 이처럼 AIC와 BIC 모두 여러 통계모델들의 단순함과 설명 능력의 균형을 비교하게 해주며 이를 통해 최적의 모델을 선택하는 데 도움을 줍니다. 연구자들은 AIC를 기준으로 5개의 모델과 BIC를 기준으로 5개의 모델(총 10개의 모델)을 선택하여 더 정밀하게 분석했는데, 10개의 변수가 모두 투입된 모델과 요인 4가지만 투입된 모델의 예측력이 통계적으로 차이가 거의 없는 것으로 나타났습니다. 즉, 10가지의 변인 모두를 가지고 인터뷰 결과를 예측한 것과 절반 이하의 변인을 가지고 예측한 것의 차이가 크지 않다는 것입니다(표 1).

본 연구에서는 성과 데이터에 대한 접근이 현실적으로 어렵

[표 1] AIC와 BIC 모델 비교(변화량 기준)

Model Name	Model	AIC	BIC
M1–A	O2+O4+O5+O6+A1+A2+A3+A4	2247.29	2297.65
M2–A	O2+O3+O4+A1+A2+A3+A4	2247.39	2292.15
M3–A	O2+O3+O4+A1+A2+A4	2247.52	2286.69
M4–A	O2+O3+O4+O5+A1+A2+A3+A4	2247.63	2297.99
M5–A	O2+O4+O6+A1+A2+A3+A4	2247.70	2292.46
M1–B	O2+O4+A1+A4	2252.14	2280.12
M2–B	O2+O4+A1+A2+A4	2248.34	2281.91
M3–B	O3+O4+A1+A4	2255.28	2283.26
M4–B	O2+O4+A1+A3+A4	2250.57	2284.14
M5–B	O2+O3+O4+A1+A4	2251.01	2284.58

Notes: O1 = 정서적 안정성; O2 = 성취지향성; O3 = 외향성; O4 = 호감성; O5 = 성실성; O6 = 개방성; A1 = 언어력; A2 = 수리력; A3 = 공간지각력; A4 = 추론력.

데이터로 보는 인사 이야기

기 때문에 이에 대한 대리변수로서 인터뷰 성과를 활용했는데, Schmidt 외 (2016) 연구에서 밝힌 대로 인터뷰의 성과 예측도가 높기 때문에 가능했습니다. 그러므로 인터뷰 성과에 대한 예측을 잘할 수 있다면 미래에 대한 성과 역시 잘 예측할 수 있을 것이라는 기대로 본 분석을 실시했습니다. 그러면 어떠한 변인들 조합이 인터뷰 성과를 예측하는 데 가장 효과적이었을까요? 분석 결과에 따르면 성취 지향성Ambition과 호감성Agreeableness과 언어력과 추론력의 조합이 인터뷰 결과를 예측하는데 가장 타당도가 높았습니다. 성취 지향성이 높은 사람은 조직 내에서 발생하는 여러 상황에 대해서 피해야 할 사건이 아니라 '좋은 기회'로 긍정적으로 인식하고, 새로운 일에 대해서 일단 시도하는 경향이 있으며 실패 역시 배움의 비용으로 인식합니다. 호감성이 높은 사람은 타인에게 먼저 다가가고 조화로운 관계를 유지하기 위해서 애쓰는 특성이 있습니다. 다음으로 언어력은 말과 글을 바르게 이해하고 정보나 자신의 의사를 정확하게 표현할 수 있는 능력이며 추론력은 이미 습득하고 이해한 정보를 바탕으로 비교, 분석, 첨가 등의 종합적 사고를 통해 새로운 문제를 해결하는 능력 등을 의미합니다. 종합해 보면 새로운 환경에서도 지속적으로 시도하면서 일을 수행하고 타인과 친밀한 관계를 유지하는 특질을 갖고 있으며 주어진 정보를 논리적으로 이해하고 표현할 수 있고 종합적으로 사고하여 문제를 해결할 수 있는 사람이 인터뷰에서 높은 성과를 얻는다는 것입니다.

얼핏 보면 '겨울에 눈 내리는 소리'처럼 당연한 결과처럼 들릴 수 있습니다. 그러나 나머지 성격 4가지 요인과 2가지 인지능력은 기존 여러 연구를 통해서 일관되게 성과를 예측하는데 유효한 요소들이었습니다. 그러므로 본 사례는 기존 분석과는 다른 F사만의 맥락이 살아있는 결과라고 할 수 있습니다. 더불어, COVID-19과 같은 제한이 많은 채용 환경에서 효율적 의사결정이 중요하다면 이와 같은 예측 모델링은 더욱 의미가 있다고 할 수 있겠습니다. 즉, 10가지 요인 모두를 활용해서 하는 채용 의사결정과 일부를 선택해서 하는 의사결정이 비슷한 효용을 갖고 있다면 조직 입장에서는 효율성을 높일 수 있는 선택을 할 수 있기 때문입니다. 다음으로 본 연구에서는 여러 변인들과 성과의 상관관계를 단순히 본 것이 아니라 머신 러닝에서 필수적으로 활용되는 교차검증 Cross-Validation 방법을 활용해 예측 정확도를 확인했다는 데 의의가 있습니다. 교차검증은 모델을 평가하는 방법 중 하나로 훈련 데이터를 기반으로 모델링하고 테스트 데이터로 해당 모델의 성능을 평가하는 분석을 의미합니다.

돌이켜보면 선발은 미래에 일 잘할 것 같은 사람을 뽑는 예측의 연속이라고 말할 수 있습니다. 그러한 예측을 잘하기 위해서

데이터로 보는 인사 이야기

최근의 AI, 빅데이터 등이 더욱 적극적으로 활용되고 있습니다. 그러나 아무리 좋은 데이터와 기술을 써서 예측하더라도 틀릴 가능성이 높습니다. 왜냐하면 성격과 인지능력이 바꾸기 어렵다고 하더라도 우리는 혼자 일하지 않고 다양한 맥락에서 다른 사람과 협업하여 그 결과를 만들어내기 때문입니다. 더불어, 어떤 상사, 동료와 일하는지는 동기와 태도를 결정하는 데 매우 중요합니다. 그러므로 선발 장면에서 예측력은 선발의 도우미이지 결정요인은 아닙니다. 문득 눈빛만 봐도 미래를 알 수 있다던 그 관리자분의 예측 타당도가 궁금해지는 오늘입니다.

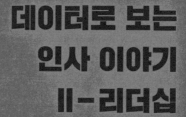

데이터로 보는
인사 이야기
II - 리더십

탁월한 리더를
찾아서

탁월함^{Excellence}은 많은 사람들의 가슴을 설레게 합니다. 레오나르도 다빈치가 그린 명작을 보면 우리는 탁월함에 감탄하게 됩니다. 스티브 잡스는 아이폰으로 우리가 소통하고 일하는 방식을 바꿨고, 일론 머스크는 화성에 인류를 보낸다는 비전으로 전기차 시장과 우주선 사업을 완전히 바꿔버렸죠. 이들의 탁월함은 우리가 살아가는 세상을 바꿔왔습니다. 이런 이유로 우리는 개인이 갖고 있는 탁월함에 많은 관심을 갖게 됩니다. 특히 리더들이 보여주는 탁월함은 조직과 비즈니스를 바꾸기 때문에 HR의 오랜 관심 영역

중 하나입니다. 그렇기 때문에 리더십 연구에서 탁월한 리더의 특징 연구가 특히 많이 진행되고 현장에서 또한 활용되고 있는 상황입니다.

탁월한 리더는 어떠한 특징을 갖고 있을까요? UC버클리의 모튼 한센 교수는 《아웃퍼포머》에서 탁월한 성과를 내는 리더들의 7가지 특징을 제시했습니다. 특정 인물을 예시로 들거나 리더의 개인적 생각에 의존하는 기존 연구들과는 달리 한센 교수는 다양한 분야의 리더 5,000명 데이터를 분석해서 실증적으로 탁월한 리더들이 보이는 특징을 제안함으로써 기존 저서들과 차별점을 두었습니다.

이처럼 데이터를 통해서 탁월한 리더들이 보이는 특징이 무엇인지를 밝히는 프로젝트가 다양하게 진행되고 있습니다. 구글이 2008년도에 제시한 우수한 관리자의 8가지 행동 특징 분석 연구 Project Oxygen 역시 그러한 노력의 일환입니다.* 그렇다면 '아웃퍼포머'와 '옥시전 프로젝트' 등에서 제안되는 탁월한 리더들의 특징은 우리 조직에서도 똑같이 적용되는 것일까요?

《탁월한 리더는 어떻게 만들어지는가》의 존 젠거와 조셉 포크

---

* 2018년 구글은 re:Work를 통해서 기존의 8가지 특성을 업데이트한 10가지 행동 특성을 제시한 바 있습니다. 세부적인 내용은 다음 주소에서 확인하실 수 있습니다 (https://rework.withgoogle.com/blog/the-evolution-of-project-oxygen/).

데이터로 보는 인사 이야기

먼은 탁월한 상위 10%의 리더를 추적 연구해서 특징들을 제시하는데 조직 특성과 관련이 높은 특징이 있기도 하고 조직 특성과 무관하게 영향력이 높은 특징이 있다는 것을 발견하게 되었습니다. 그러므로 HR에서는 여러 연구를 통해서 다른 조직의 탁월한 리더가 보이는 특징을 연구해서 이를 적용해보려는 노력과 동시에 우리 조직에서 보이는 리더의 차별화된 특징은 무엇인지에 대해서도 고민해봐야 합니다.

G사의 리더십 진단을 통해서 '우수한 리더'의 특징을 분석한 사례를 소개하고자 합니다. G사는 매년 자기 계발 목적으로 리더십 역량 기반의 리더십 진단을 실시합니다. 주요한 측정 영역으로 전략 수립, 사업 및 사람관리 등이 있습니다. 진단에 참여한 상사-본인-동료 간 차이를 보여줌으로써 자기 인식을 높여주고 개발 우선순위를 잡도록 도와주기도 합니다.

G사는 우수한 리더가 갖는 차이점을 알아보기 위해서 상사 및 동료 직원들에게 자신의 부하직원 혹은 동료직원이 '상위 10%의 우수한 리더'인지 여부를 물어봤고, 그 결과를 나머지 리더 90%와 비교하는 방식을 활용했습니다. 흥미롭게도 상사가 지정한 상위 리더 10%와 나머지 90%는 3가지 역량 군에서 평균적으로 1~2% 밖에 차이가 나지 않았지만, 동료 직원들이 지목한 상위 10%와 나머지 90% 리더 간의 역량 점수 차이는 무려 10% 이상

을 보이고 있었습니다. 구체적으로 상위와 일반 리더의 가장 차이가 크게 난 부분이 바로 '사람관리' 역량이었습니다. G사의 '사람관리' 영역은 주로 커뮤니케이션, 인재 육성 등과 관련되어 있습니다. 즉, 함께 일하는 사람과의 소통 및 육성에 대한 관심이 있는 인력들이 결국 탁월한 리더로서 동료들에게도 인식되고 회사에서도 인정받고 있다는 점입니다. 전통적으로 교과서에서 강조되는 사람 관리영역이 뛰어난 리더가 탁월한 리더라는 기존 인식을 확인하는 결과이기도 했으며, G사만의 맥락이 살아있는 분석이기도 합니다.

리더십 진단을 통해서 탁월한 리더를 분석하기 위해서 활용한 방법은 비교적 간단합니다. 우선 진단 시스템을 이용해서 탁월한 리더를 설문으로 파악했고, 대상 간의 차이점을 통계적으로 입증한 것입니다. 집단 간의 차이를 분석하는 방법은 아주 간단한 통계 기법만을 가지고도 볼 수 있습니다. 더욱 중요한 것은 탁월한 리더를 어떻게 정의할 지입니다. 본 분석에서는 상사와 동료들이 인식하는 리더를 설문 문항을 통해서 구분하고 차이점을 평균 차이로 살펴봤습니다. 이렇듯 간단한 분석을 통해서도 리더십 선발 및 육성의 중요한 포인트를 데이터로 찾아낼 수 있습니다. 다음 챕터에서는 DT시대에 필요한 리더십에 대해서 잠시 살펴보고 가겠습니다.

DT 시대의 리더십?
공유 리더십!

"임직원 여러분, 올해는 더욱더 열심히 노력해 매출과 이익 모두를 잡는 한 해가 됐으면 좋겠습니다." 매출과 이익 모두? 한 마디로 동그란 네모를 그리란 말입니다. CEO가 신년사를 통해서 매출의 양적인 성장도 도모하고, 이익이라는 질적인 성장도 향상 시켜달라는 주문을 했다면 많은 임직원들은 "도대체 어떻게 하라고?"라는 볼멘소리를 낼 것입니다. 하지만 동그란 네모가 격변의 시기에 지속 가능한 성장과 생존을 위해서 옳은 방향이라는 것은 CEO뿐만 아니라 우리 조직 구성원도 다 알고 있습니다.

디지털 전환Digital Transformation으로 대변되는 현시대는 기술 발전으로 인해 일하는 방식부터 소통까지 다양한 측면에서 변화를 맞이하고 있습니다. AI는 HR 부서의 운영 업무를 상당 부분 대체하고 있으며, IBM은 기계와 협업할 수 있는 능력을 리더들에게 요구하고 있다고 합니다. 기존과는 다른 형태의 변화가 우리 눈앞에 벌어지고 있고 그 속도는 더욱 가속될 것 같습니다. 미래 변화는 기존 변화와는 질적으로 다를 것이며 환경에 적응하기 위해서 많은 조직은 기민Agile하게 스스로를 변화할 수 있는 제도와 조직문화를 구축하는 데 열을 올리고 있습니다. PMIProject Management Institute에 따르면 전 세계 기업 중 애자일 기법을 전혀 사용하지 않은 기업은 12%에 불과하다고 합니다. 최근 가장 혁신적인 기업 사례로 많이 인용되는 넷플릭스Netflix는 1년 단위 계획을 수립하지 않습니다. 대신 분기별 계획을 더욱 구체적으로 수립하고 실행하는 데 집중하고 소비자 피드백에 더욱 민첩하게 반응할 수 있는 애자일 방식을 도입했고 상당한 효과를 보고 있습니다.

맥킨지 보고서The Five Trademarks of Agile Organizations에 따르면 애자일 조직은 다섯 가지의 특성을 보이고 있습니다.

- **전략**Strategy   조직 전체에 명확한 방향성을 공유

  (North Star embodied across the organization)

- **구조**Structure   권한 위임된 팀 단위의 네트워크

  (Network of empowered teams)

- **과정**Process   빠른 의사결정과 학습 사이클

  (Rapid decision and learning cycles)

- **인력**People   임직원 간에 열정을 불러일으킬 수 있는 역동적인

  인력 구조

  (Dynamic people model that ignites passion

- **기술**Technology   새로운 기술의 도입

  (Next-generation enabling technology)

그렇다면 애자일 조직에서 리더십은 어떠한 방식으로 발휘되어야 할까요? 맥킨지 보고서에서는 '공유 및 서번트 리더십Shared and Servant Leadership'을 애자일 조직의 리더십으로 제시하고 있습니다. 공유 리더십은 최근 들어 서구에서 더욱 많이 연구되고 있는데 높은 자기애와 개인주의 성향 그리고 조직 내 위계에 대한 거부감이 높다는 밀레니얼 세대를 잘 이끌 수 있다고 검증되고 있기 때문입니다(Crevani, Lindgren, & Packendorff, 2007a).

공유 리더십은 기존에 한 명의 리더에게 집중된 의사결정 권

한 등을 팀원 전체와 공유한다는 측면에서 차별점이 있습니다. 주요한 구성 요인으로는 팀원 개개인의 자율적 의사결정, 강한 주도성, 주어진 역할 이상의 행동, 팀원 간의 수평적인 공동 의사결정 및 팀 전체를 위한 공동의 의사결정 등이 있습니다. 공유 리더십은 서구의 많은 연구를 통해서 효과성이 입증됐는데 특히 수평적 의사결정 구조 위에서 팀원 간의 활발한 토의를 진행함으로써 다양한 혁신 아이디어가 창출되고 높은 수준의 창의성을 보인다는 점이 대표적입니다(박종규, 2017).

공유 리더십은 애자일 조직의 대표적인 특징으로 뽑힌 '권한위임', '자율성' 등을 촉진하는 리더십 유형이며 동시에 혁신적 사고와 창의성을 높인다는 측면에서 그 효과성 역시 애자일 조직이 추구하는 바와 일치합니다. 그러나 지금까지 연구된 대부분의 공유 리더십 연구는 서구 맥락에서 구성 요인 및 특징 등이 추출됐습니다. 동시에 어떻게 하면 공유 리더십을 개발할 수 있는지에 대한 연구는 국내-외에도 전무하다고 할 수 있습니다. 이에 필자들은 미국 대학의 HR(D) 교수 및 박사급 연구원과 함께 '한국 맥락에서의 공유 리더십' 연구를 D사 7개사 팀장 및 팀원 21명을 대상으로 질적 연구-근거이론 접근법Qualitative Study-Grounded Theory 방식을 통해서 진행했습니다. 인터뷰는 반구조화Semi-Structured Interview 방식으로 진행됐으며 인당 90-120분 가량 시간이 할애되었습니다.

데이터로 보는 인사 이야기

모든 인터뷰는 사전 동의를 구한 후에 녹음했으며, 향후에 복수의 연구자가 인터뷰를 텍스트로 변환하고 코딩해 주요한 테마를 도출하는 방식으로 결과를 산출했습니다.

1년 넘는 기간 매주 정해진 시간 컨퍼런스콜을 통해 연구 결과에 대해서 토론했는데 가장 많은 논의가 필요했던 부분이 바로 한국 조직문화의 특수성입니다. 이미 많은 연구를 통해서 밝혀진 대로 한국의 조직문화는 수직적이며, 리더 한명에게 권한과 정보가 쏠려있는 구조적인 특징을 갖고 있습니다. 대상이 된 회사 역시 최근에 조직문화를 바꾸기 위한 다양한 활동을 펼치고 있지만 아직까지는 전통적인 한국 기업의 특성을 많이 갖고 있었고, 인터뷰를 통해서 도출된 결과에서도 공유 리더십을 방해하는 가장 큰 요소로 조직문화가 많이 언급됐습니다. 하지만 조직문화 개선 활동을 적극적으로 수행하고 이를 통해 상대적으로 수평적인 조직문화를 갖게 된 그룹사의 인터뷰 결과를 통해서 봤을 때, 공유 리더십이 발휘 가능한 조직문화로 변화는 충분히 가능할 것으로 생각해볼 수 있었습니다.

연구의 주요한 범위는 공유 리더십에 대한 인식, 공유 리더십 개발을 위해서 고려해야 할 장애 요인과 촉진 요인을 찾아내고, 공유 리더십 개발을 위한 이론적 프레임을 제시하는 것이었습니다. 간단히 연구 결과를 정리하면 우선 공유 리더십에 대한 한국

직원들의 인식은 기존 공유 리더십 정의와 크게 다르지 않았습니다. 즉, 비전 중심의 리더십과 자율성 그리고 권한 위임 등이 중요한 요인으로 도출됐습니다. 다음으로 공유 리더십 장애 요인으로는 위계구조, 비효율적인 업무방식 및 시스템, 공유 리더십에 대한 편견 등이 보고된 반면, 촉진요인으로는 지식 및 비전 공유, 주도성, 업무 위임 및 전문성 등으로 확인됐습니다. 공유 리더십 도입을 위해서는 리더의 역할, 팀 내 활동, 시스템 전환 등이 대두됐습니다.

공유 리더십을 한국 리더들에게 정착 시켜 주기 위해서는 우선 수직적이고 위계적인 조직 구조에 대한 변화 활동이 선행되어야 하며, 비효율적으로 진행되는 업무 방식과 시스템을 개선해야 하고 공유 리더십의 효과성을 직원들에게 다양한 방식으로 인식시켜줄 필요가 있습니다. 이에 더해 조직 방향성에 대해서 더 많은 커뮤니케이션을 하고 높은 적극적으로 권한위임 해야 하고, 팀의 모든 구성원을 동등하게 신뢰하고 높은 성과를 내기 위해서 전문성을 갖춰야 합니다. 공유 리더십의 한국적 맥락 연구 결과를 살펴보면 기존에 강조됐던 다양한 개념들이 혼재되어 있고 크게 새로운 내용은 아닌 것 같습니다. 그러나 애자일 조직으로 나아가기 위한 리더십 유형으로써 공유 리더십이 기능할 수 있을 것이며, 기존의 서구에서 개발된 내용이 아닌 한국적 맥락에서 검증된 여러 방법의 효과성이 한국에서는 높다고 할 수 있습니다.

애자일 조직을 만들기 위해 어떠한 리더십이 필요할 것인가에 대해서 지금까지 다양한 연구를 통해서 살펴봤습니다. 기존의 조직문화, 시스템을 포함한 전체를 바꾸려는 변화를 시도해야 비로소 애자일 조직으로의 전환을 위한 공유 리더십이 가능할 것이라는 결론을 낼 수 있겠습니다. '동그란 네모' 만들기는 서두에서 말한 것과 같이 매우 어렵고 힘든 일입니다. 하지만 우리 모두는 이 방향이 지속 가능한 성장과 생존을 위해서 가야 할 방향임은 알고 있습니다. 그럼에도 불구하고 함께 '동그란 네모'를 만들어서 더욱 확산 시켜 공유됐으면 하는 바람입니다.

데이러로 보는
After COVID-19 리더십 1

조직 위기는 특정한 이슈로 인해서 조직구성원들이 시간적으로도 긴박하고 높은 수준의 불확실성을 경험하는 사건이나 기간으로 정의됩니다. 이러한 위기는 구성원, 팀 그리고 조직 전체에 불안감과 절망감을 안겨주며 구성원들의 이직과 경제적 손실을 야기합니다.

조직 위기 상황에서 구성원들이 정상적인 업무를 수행하기 위해서 필요한 것은 무엇일까요? 많은 요소들 중에서 무엇보다 중요한 것은 리더십일 것입니다. 기존의 연구를 살펴보더라도 효과적인 리더는 안정된 상황보다는 위기 상황에서 조직을 이끌고 구성원들과 함께 성과를 만들면서 드러납니다(Bligh, Kohles & Meindl, 2004; Smits & Ally, 2003). 그러나 위기 상황에서 필요로 하는 리더십에 대한 실질적인 연구는 부족하다 할 수 있습니다. 특히 COVID-19와 같은 위기는 전례가 없기 때문에 필요 리더십에 대해서는 현장 및 학계에서도 많이 다뤄진 바가 없습니다.

COVID-19가 다양한 업종에 큰 영향을 미쳤지만, 그중에서도 사람들이 주로 모이는 서비스업 및 관광업에 더욱 큰 타격을 입히고 있습니다. P사는 관광업과 서비스업 등을 영위하는 국내 기업으로 COVID-19로 어려움을 겪고 있는 회사 중 하나입니다. 이 회사는 매년 조직 진단을 진행하고 있는데 2020년 초에는 조직 진단의 변화를 위해서 구성원들에게 설문을 받은 바가 있고, COVID-19가 팬데믹으로 선포된 3월 11일 이후에 동일한 설문을 진행했습니다.

다양한 질문 중에서 '조직 변화를 위해서 필요한 조직문화 및 리더십의 변화는 무엇인가?'라는 주관식 문항이 있었으며 구성원들이 자유롭게 의견을 적을 수 있었습니다. 필자들은 P사 담당자와 함께 진단에 대한 변화 방향성을 논의하던 중 'COVID-19 전과 후에 구성원들이 요구하는 리더십이 다르지 않을까'라는 가설을 세웠고 이를 확인하기 위해서 토픽 모델링^{Topic Modeling} 분석을 진행했습니다. 토픽 모델링은 문서에 잠재되어 있는 주제를 찾아내고 각 주제들이 어떻게 연결되어 있는지를 분석하는 방법(Blei, 2012)으로 베이지안 통계 및 머신러닝 알고리즘 등을 활용합니다.

결과는 흥미로웠습니다. 우선 COVID-19 전에 구성원들은 내재적-외재적 보상 수준 향상과 자유로운 소통 등의 개선을 요구하고 있었습니다. 구체적으로는 성과에 대한 확실한 보상제도 및 시스템 구축, 실패를 용인할 수 있는 리더, 자유롭게 소통할 수 있는 풍토 및 성공을 칭찬하는 리더 등으로 구분될 수 있었습니다. 반면 COVID-19 이후에 구성원들은 다른 리더십과 조직문화를 원했습니다. 조직의 비전 제시, 조직 상황에 대한 리더의 잦은 소통, 변화에 대응하는 리더십, 개인 비전에 대한 관심 등이 주요한 요구 사항이었습니다.

여러 리더십 연구로 본 결과를 해석할 수 있겠지만 필자는 구성원들이 느끼고 있는 정서 상태와 어떤 시점에 더욱 관심을 두고 있는지를 흥미롭게 봤습니다. BC(Before COVID-19)에서 구성원들은 비교적 적은 불안감을 느끼고 있었을 것이기 때문에 현재에 누릴 수 있는 내재적-외재적 보상 등에 더욱 집중하는 것으로 해석할 수 있었습니다. 반면에 AC(After COVID-19) 구성원들은 현재도 불안하지만 한 치 앞을 볼 수 없는 미래 때문에 관심의 시점을 '미래'로 두는 것으로 해석할 수 있습니다. 그러한 측면에서 리더들이 조직이 나아갈 방향을 제시해주고, 그 과정에서 투명한 소통을 요구하는 것으로 생각해볼 수 있습니다.

이는 변혁적 리더십이라고 하는 리더십과도 매우 비슷한 행동적 특징을 보입니다. 변혁적 리더십은 ▲이상화된 영향력 ▲영감적 동기부여 ▲지적 자극 ▲개별적 배려라는 4가지 특성으로 특징이 요약되며 COVID-19 이후에 이러한 리더십에 대한 조직구성원들의 요구가 늘어나고 있었습니다. 역사적으로 살펴보면 위기 상황에 미래에 대한 비전과 영감을 줄 수 있는 카리스마 리더가 자주 등장한 바 있습니다. 마하트마 간디, 마틴 루터킹 등의 역사적 인물뿐만 아니라 스티브 잡스, 엘론 머스크 등은 국가 및 조직이 어려운 시기에 미래에 대한 비전을 설정하고 구성원들에게 영감을 불러일으켜 위기를 극복해 나간 리더십을 보인 인물들입니다.

이처럼 위기 상황에서 구성원들은 높은 수준의 불안감을 느끼며, 이를 해결하기 위해서 리더가 미래에 대한 명확한 방향과 이에 대한 대응 그리고 효과적인 소통을 해주기를 원합니다. 이러한 맥락에서 위기 상황에 구성원들은 우리 조직의 리더가 변혁적 리더가 되어주기를 바랄 수 있습니다. 이러한 특성이 P사가 실시한 COVID-19 전과 후의 데이터를 통해서 분석한 요구 리더십에서도 드러났기 때문입니다.

안타깝지만 많은 연구 기관에서 COVID-19와 같은 전염병이 과거와는 다른 빈도수로 미래에도 발생할 것으로 내다보고 있습니다. 이는 앞으로도 조직은 위기를 경험하게 될 것이고 이로 인해서 불확실성이 높아지고 구성원들은 불안감을 더욱 느끼게 될 것을 의미합니다. 조직 구성원들은 위기 상황을 겪었을 때 리더의 역할을 더욱 크게 인식하게 됩니다. 더불어, 조직문화는 리더십에 가장 큰 영향을 받기도 합니다. 그러므로 조직 위기 상황에 필요로 하는 리더십과 조직문화는 조직마다 다를 수 있지만 P사의 사례를 봤을 때는 미래에 대한 방향성 제시, 잦은 의사소통과 구성원들 정서에 개별적 관심을 주는 행동을 보여주는 리더십이 위기 상황에 구성원들이 요구하는 리더십일 것입니다.

그렇다면 우리 HRer의 질문은 어떻게 우리 조직의 리더들이 AC 리더십을 보여줄 수 있도록 할 것인가 일텐데요. 우선 리더들이 구성원들의 불안감을 낮춰줄 수 있어야 합니다. 대면 스피치, SNS, 미디어 등을 통해 현재 조직 상황과 미래 방향에 대해서 효과적으로 제시해야 하고, 이를 위해서 리더들과 HR에서는 효과적인 의사소통에 많은 관심을 쏟아야 합니다. 다음으로 직원들에게 공감하고 있음을 보여줘야 합니다.

이 두 가지 행동을 효과적으로 보여준 사례가 바로 마이크로소프트사Microsoft의 사티아 나델라Satya Nadella입니다. 그는 COVID-19

이 전 세계에 영향을 끼치기 시작하자 조직 매출보다는 전 세계의 사람들이 MS 프로그램을 이용해서 COVID-19를 극복하는 데 도움을 주고자 했으며 그 밖에 다양한 지원 방법을 통해서 사회 문제 해결에 적극적인 행보를 보여줬습니다. 구성원들은 그로 인해서 회사에 자부심을 느끼기 시작했습니다.

또한, 나델라는 조직 리더들에게 '긍정의 리더십'을 강조했습니다. 작은 일에도 칭찬하고 필요한 것은 없는지 자주 물어보며 새로운 아이디어를 지지하도록 했습니다. 더불어, 조직 내 여러 정보를 더욱 '투명하게 공개함'으로써 구성원들이 현재 조직 상황 및 미래에 대해서 안전감을 느끼도록 해줬습니다. 결정적으로 그는 사내 메일, 소통 채널 및 미디어를 통해서 그의 메시지를 정확하게 직접 소통하려고 노력했습니다. 이러한 소통과 공감을 할 수 있는 나델라가 있기 때문에 MS 직원들은 불안감 대신 자부심을 느끼며 조직에 몰입하고 비즈니스를 바꿔나가는데 집중할 수 있으며 이를 통해 COVID-19를 위기가 아닌 기회로 삼고 있는 것입니다.

효과적인 리더를 선발하고 육성하는 책임을 지고 있는 우리 HR은 이제 Post COVID-19를 준비할 것이 아니라 With COVID-19 시대를 대비해야 할 것입니다. COVID-19 이후에도 한동안 지속될 위기 상황에 리더는 어떠한 행동을 보여야 하는가,

그러한 행동을 지원하기 위해서 우리는 무엇을 해야 하는가? 치열하게 고민하고 연구해서 기회가 위기가 되는데 HR이 주도적인 역할을 할 수 있기를 바래봅니다.

데이터로 보는 인사 이야기

데이터로 보는
After COVID-19 리더십 2

개인과 조직에 위기가 찾아왔다고 해보죠. 역사적으로 개인과 조직들은 큰 위기를 극복하면서 지금과 같이 진화하고 생존해왔습니다. 전염병의 역사를 보면 사스, 신종플루, 메르스, 에볼라 등이 떠오르는데, 놀랍게도 5년 전에 발병했던 메르스 백신은 아직까지도 개발되지 못한 상태라고 합니다. 이런 측면에서 보면, 인류는 백신을 통해 위기 상황을 극복했다기보다는 이에 적응하고 대응하면서 지금까지 살아왔다고 할 수 있습니다.

결국 전염병이 주는 신체적, 물리적 위협도 우리에게는 큰 위험이지만 더욱 큰 위험은 바로 두려움과 불안이라는 심리적인 측면에 기인합니다. 인간은 심리적으로 위험을 느낄 때 이를 최소화하고자 하며 보수적으로 주변 상황을 바라보고 의사결정을 합니다. 그러므로 조직구성원 역시 평소보다 불안을 느낄 때 더욱 조심스럽게 행동하며 의심의 눈초리로 사람과 현상을 바라봅니다. 이러한 상황에서는 새롭고 창의적인 사고를 기대하기 어렵습니다.

그럼에도 불구하고 여러 위기 상황은 혁신의 기회가 되기도 했습니다. 주위를 둘러보면 이제 비대면 워크숍 및 회의가 일상이 됐고, IT 회사들은 전례 없는 호황을 누리고 있습니다. 더불어, 다른 산업의 기업들 역시 기술 도입에 매우 적극적이며 많은 노력을 쏟고 있습니다. '일자리가 사라진다!' 등의 여러 위협이 있었음에도 도입되지 않았던 기술적 혁신이 COVID-19 한방으로 조직 내에 일어나고 있는 것을 보면 이러한 위기가 조직 혁신의 기회로 여겨질 수도 있는 상황입니다.

조직 혁신이 조직 내 일상으로 자리 잡기 위해서는 결국 조직구성원들의 적응 노력이 필요합니다. 특히 최근과 같이 위기를 겪고 있는 상황에서 많은 연구자들은 조직구성원들이 어떻게 하면 위기 상황에 잘 대응하고 적응할 수 있는지를 알아내려 하고 있습니다. 즉, 조직을 둘러싼 불확실성이 급격하게 증가하는 상황에서 조직의 생존은 구성원들이 흔들림 없이 견뎌내며 일을 수행하는 능력에 달려있다고 할 수 있습니다. 이러한 개념으로 바로 회복 탄력성Resilience이 최근 더욱 많은 관심을 받고 있습니다.

회복 탄력성은 '다시 튀어 오르거나 원래 상태로 되돌아온다'는 뜻으로 학문적으로는 도전적이고 불확실한 상황 속에서도 긍정적으로 적응해나가는 경향성을 의미하며(Sutcliffe, & Vogus, 2003), 역경 속에서도 평균 이상의 기능을 수행하는 능력 등을 뜻합니다. 회복 탄력성이 높은 구성원은 예상치 못한 상황에서도 유연하게 대응하고 대처하는 특성을 보여주며, 이는 조직의 노력과 개입을 통해서도 효율적으로 관리될 수 있고, 기업에서 제공하는 HR 활동을 통해서 향상되기도 합니다. 이는 개인 성과를 높여준다는 측면에서도 의미가 있습니다.

이러한 회복 탄력성은 자기효능감, 희망, 낙관주의 등과 함께 중요한 긍정심리자본Positive Psychological Capital 중 하나로 뽑힙니다. 회복 탄력성에 대한 높은 관심에도 불구하고 조직 내 구성원들을 대상으로 COVID-19 이후에 진행된 실증 연구는 많이 없습니다. 이에 P사에서는 조직 내 구성원들을 대상으로 회복 탄력성과 관련된 요인을 알아보고자 했습니다. P사는 COVID-19 이후에 필요한 리더십을 규명하기 위해서 토픽 모델링Topic Modeling이라는 텍스트 마이닝 기법을 통해서 소통, 개인적 관심, 비전, 안전감 부여를 해주는 리더를 구성원들이 조직 위기상황에서 더욱 원한다는 결과를 밝혀낸 바 있습니다. 이는 학계에서 오랫동안 많은 관심을 받아온 '변혁적 리더십Transformational Leadership'과 비슷한 특성을 갖고 있습니다.

변혁적 리더는 구성원들이 직무 및 조직에 자발적으로 몰입해 더욱 높은 성과를 낼 수 있도록 도와주는데 변혁적 리더들은 주로 조직구성원들의 정서에 큰 영향을 줌으로써 몰입을 이끌어 냅니다. 즉, 변혁적 리더들은 긍정적인 정서를 주로 사용하고 긍정적 정서 상태에 대해서 자주 표현합니다. 더불어, 이들은 긍정적이고 낙관적인 경향이 있으며 조직구성원들이 어떤 기분을 느끼고 있는지에 대해서 민감하게 반응하고 행동합니다. 조직 위기 상황에서 변혁적 리더들이 효과적인 이유 중 하나는 바로 구성원들이 느끼는 불안과 두려움에 대해서 우선 공감해주려고 노력하고 이를 해결해주기 위해서 노력한다는 점입니다. 또한 불확실한 상황 속에서도 변혁적 리더는 위험을 감수하고 혁신적인 행동을 지속하며 기존 방식보다는 새롭고 창의적인 방식으로 문제를 해결하도록 구성원들을 독려합니다.

이러한 연구 결과를 바탕으로 P사에서는 조직구성원을 대상으로 소속 조직의 리더에 대한 변혁적 리더십과 개인의 회복 탄력성 등에 대해서 설문 진단을 실시했습니다. 데이터 분석 결과 변혁적 리더십과 회복 탄력성은 통계적으로 유의미한 상관관계를 보이고 있었습니다. 더불어, 회귀분석을 통해서 조직의 리더들이 변혁적 리더십을 높게 보일수록 구성원들의 회복 탄력성이 높다는 점을 밝혀냈습니다. 변혁적 리더가 구성원이 느끼고 있는 정서에 민감하게 반응하고 이에 관심을 쏟아주는 것이 회복 탄력성 등에 영향을 미친다면 그러한 리더십은 구성원들이 조직에 대해서 정서적으로 애착을 느끼는 정서적인 몰입 측면에도 유의미한 관련성을 갖고 있지 않을까? 라는 가설하에 진단 시 정서적 몰입이라는 개념도 함께 포함시켰습니다.

분석 결과 정서적 몰입 역시 변혁적 리더십과 통계적으로 유의한 관련성을 갖고 있었으며 회복 탄력성과도 통계적으로 유의미한 상관관계를 보이고 있었습니다. 변혁적 리더십, 회복 탄력성 및 정서적 몰입 등의 관련성은 구성원들의 연령, 직무 및 성별을 통제하고도 유의미한 결과가 나왔다는 점에서 더욱 의미가 있다고 할 수 있습니다. 결과적으로 COVID-19 시대에 필요한 리더십으로서 변혁적 리더십은 구성원들의 회복 탄력성과 조직에 대한 애착에도 유의미한 영향을 끼침을 알아낼 수 있었습니다.

개인적인 관심, 비전 및 소통 등은 COVID-19 이후에 구성원들이 요구하는 리더십 행동으로 확인됐는데, 결국 이러한 리더십은 구성원이 조직 위기에서 느끼고 있는 두려움과 불안을 감소시

켜준다는 측면에서 효과성이 있다고 할 수 있겠습니다. 이는 우리 HR에게도 중요한 화두를 던져줍니다. 조직 내 다양한 제도, 시스템, 활동 등이 그동안은 합리성과 논리성에 근거해서 다뤄졌다면 이제는 구성원들이 이를 통해 느끼는 감정도 매우 중요하다는 측면입니다. 논리적으로 완벽한 HR제도와 활동이어도 구성원들에게 공감을 사지 못하거나 긍정적인 경험을 주지 못한다면 결국 구성원들의 조직에 대한 몰입이나 회복 탄력성과 같은 행동을 기대하기는 어려울 것입니다. 데이터를 통한 합리적이고 논리적인 의사결정 후에 여러 개입 활동Intervention은 감정을 잘 만져줄 수 있어야 합니다. 그러한 측면에서 리더가, HR 제도와 시스템이 구성원들 감정에 얼마만큼 와 닿고 있는지 돌아보길 희망해봅니다.

데이터로 보는
After COVID-19 리더십 3

펜실베니아대학교 심리학과 교수인 더크워스Duckworth는 맥킨지에서 일을 시작했으나 컨설턴트보다는 교수가 자신의 천직이라고 생각하고 공립학교의 수학선생을 하게 됩니다. 그녀 역시 높은 학업성취나 인생에서의 성공은 가정환경이나 지능 등에 의해서 좌우된다고 믿었다고 합니다. 그러나 학생들을 현장에서 가르치던 중 더크워스는 고등학교에서의 학업 성취도나 그 이후 인생에서의 성공을 좌우하는데 재능이나 성적으로는 설명되지 않는 '무엇'이 있지 않겠냐는 의문을 품게 됐고 연구를 통해서 그릿Grit이란 개념을 고안합니다.

그릿은 목표 달성을 위한 장기적인 열정과 끈기 등을 의미합니다. 여러 연구에 따르면 그릿이 높은 개인은 조직 내에서도 높은 성과를 보이며 관련 분야에서 더욱 오랫동안 살아남는 것으로 밝혀졌습니다. 특히 지금처럼 불확실성이 높은 환경에서 포기하지 않고 끝까지 해내려는 열정과 끈기가 학계와 현장에서 더욱 많은 관심을 받고 있습니다. 그릿이 소개된 이후 여러 후속 연구에서 하위 구성요소가 정교화되고 있지만 더크워스는 '꾸준한 호기심'과 '지속성'이라는 두 가지로 그릿을 설명하고 있습니다. 평소에 다양한 분야에 관심을 갖고 알려고 하는 노력과 환경이 바뀌고 어렵더라도 목표한 바를 끝까지 해내려는 지속성이 더크워스가 강조하는 그릿의 두 가지 요소입니다. 이러한 특성은 비인지적 요인으로 변화 가능성이 높다고 연구 결과 나타난 바 있습니다.

COVID-19와 디지털 전환으로 대변되는 현재의 변화로 조직은 목표를 수정해가며 예상치 못한 환경에 적응해가야 하는 상황입니다. 새로운 목표와 일하는 방식에 지치지 않고 끝까지 해내려는 그릿이 어느 때보다 중요하다고 할 수 있습니다. 그러나 학계와 현장 모두 갖고 있는 관심에 비해서 조직의 어떠한 요인이 구성원들의 그릿을 불러일으키는지에 대한 고민과 연구는 부족한 실정입니다. 특히 지금과 같은 위기 시대에는 더욱 리더십의 중요성이

데이터로 보는 인사 이야기

커지는데 어떠한 특성이 구성원의 그릿에 긍정적인 영향을 미치는지에 대한 연구 역시 필요합니다. 그렇다면 어떠한 특성이 구성원들이 위기 상황에서도 포기하지 않고 해내는 호기심과 끈기를 만들어낼 수 있을까요?

역사적으로 리더십은 아주 오랫동안 현장과 학계 모두의 관심을 받아왔습니다. 어떠한 리더 특성과 행동, 태도가 조직 효과성에 효과적인지와 어떻게 그러한 리더를 육성할 수 있는지 등에 대해서 특히 많은 관심이 집중되어 왔습니다. 리더십 개발 분야에서 전 세계적으로 가장 유명한 곳 중 하나인 CCL^{Creative Center for Leadership}은 리더가 갖고 있는 경험이 특히 중요하다는 믿음 하에 어떠한 경험을 가진 리더가 효과적인지, 어떠한 경험을 부여해 줬을 때 리더십이 효과적으로 상승하는지 등에 대해서 오랫동안 연구해왔습니다.

다양한 연구가 진행됐고 그중에서도 리더의 도전 경험^{Challenge Experience}이 리더십을 성장시키는 데 가장 영향력이 높은 경험 이라는 결과를 발표했습니다. 리더 역시 조직에서 다양한 사건과 환경을 거쳐 오면서 여러 경험을 거칠 것인데 그 중에서도 이전에는 겪어보지 못한 새롭고 도전적인 경험들이 리더를 비약적으로 성장 시켜 준다는 것입니다. 예로 조직 단위의 신규 사업 프로젝트, 이전에는 경험해보지 못한 신규 직무, 주재원 경험 등 기존과는 질적으로 다른 경험들이 바로 그것입니다.

 국내외 높은 성과를 보인 CEO들을 보면 다양한 분야에서 여러 도전 경험을 수행해온 것을 알 수 있습니다. 국내 S사의 경우 대표적으로 CEO 후보자들에게 전혀 다른 직무를 경험하게 한 후 높은 성과를 내며 '살아남은' 리더에게 CEO 기회를 주는 원칙을 갖고 있습니다. 더불어, 해외의 G사는 CEO 후보군 인력들에게 다양한 국가에서의 관리 경험을 쌓게 하고 더불어, 평가센터^{Assessment} ^{Center} 등을 3개월 이상 거치면서 다양한 모의 경험에서의 반응을 보면서 경험에 대한 수용성과 도전에 대한 반응력 등을 측정한다고 합니다. 이렇듯 국내외 여러 기업에서는 CEO 역할을 맡은 후에도 지속적으로 경험하게 될 여러 고난을 효과적으로 극복하고 조직을 이끌 수 있는 리더를 원합니다. 이러한 측면에서 CEO 중에서 고난 경험을 잘 견디고 성장해온 리더들은 어려운 환경 속에서도 포기 하지 않고 끝까지 해내는 그릿에 대한 가치를 더욱 높게 평가할 것이고 구성원들이 그릿을 가질 수 있도록 조직 문화 등을 만들어나갈 것이라고 기대할 수 있습니다.

 국내 기업인 B사는 건설, 화학 및 에너지 사업 등을 영위하며, 30개가 넘는 계열사를 거느리고 있는 기업 집단인데요. B사 HR은 COVID-19과 디지털 트랜스포메이션이 지금과 같이 본격적이기 전인 2019년 말 구성원들 설문 문항 중 그릿을 측정한 바 있고 2020년 후반에 구성원들 대상으로 다시 그릿 수준을 진단한 바 있습니다. 진단 결과를 가지고 B사에서는 고난 경험이 다양한 CEO와 함께 근무하는 조직구성원들이 더욱 높은 수준의 그릿을 보이고 있는지를 알아보고자 했습니다. 즉, CEO들의 도전 경험이 많을수록 구성원들의 그릿 수준이 높을 것이라는 가설을 확인하고자 했습니다. 도전 경험은 B사에서 리더십 개발을 위해서 추출했던 6가지 도전 경험 요인(예: 신규 사업 프로젝트 경험 등)을 활용했고 조직 수준 변수로 처리했으며 구성원의 그릿은 개인 수준으로 연구를 진행했습니다.

흥미롭게도 COVID-19 이전에는 CEO의 도전 경험 정도와 임직원의 그릿은 별다른 관련성을 보이고 있지 않았습니다. 반면 COVID-19 이후에는 CEO들이 도전 경험을 많이 한 그룹사 임직원의 그릿 수준이 통계적으로 유의미한 수준에서 높다는 것을 확인했습니다. 이는 CEO의 다른 특성과 직원들의 회사/연령/직급 등을 통제하고 나온 결과였으며 시계열적인 설문으로 관련성을 살펴보았다는 점에서 더욱 의미가 있었습니다. 그렇다면 왜 이러한 결과가 나타났을까요? 도전 경험이 많은 CEO들은 그동안 여러 위기 상황에서도 조직을 지속시키고 오히려 성장의 기회로 삼아왔던 리더들이며, 그런 리더들 경험을 구성원들은 잘 인지하고 있습니다. 가령, COVID-19로 어려운 서비스업 CEO는 기존의 오프라인 매장을 판매 공간이 아니라 안전하게 고객들이 체험하고 놀 수 있는 경험 공간으로 탈바꿈함으로써 오히려 작년 대비 영업 이익을 증가시키는 성과를 냈습니다. 이러한 변화는 한 CEO의 개인기가 아니라 위기 상황에서 변화를 위해서 새롭게 시도하고 실패해도 괜찮다는 독려를 해주고 도전을 장려해주는 풍토를 만들었기 때문이며 가능했던 일이었습니다.

WHO는 최근 발표를 통해서 COVID-19가 마지막 팬데믹이 아닐 것이며 앞으로는 과거와는 다른 빈도로 또 다른 팬데믹이 벌어질 것이라고 내다봤습니다. 이는 질적으로 또 다른 변화가 다가올 것이라는 의미이며, 우리에게는 앞으로 더욱 빈번하게 도전 경험이 발생함을 의미합니다. 그런 상황에서 우리 임직원들에게 필요한 것들 중 하나가 바로 어려운 상황 속에서도 포기하지 않고 끝까지 해내려는 그릿입니다.

그릿을 불러일으키는 많은 요인이 있겠지만 우리 HR이 더욱 관심을 가질 수 있는 부분이 바로 CEO 육성입니다. 많은 조직에서 CEO 후보자 육성에 어떠한 콘텐츠와 학습 방식을 도입하면 좋을지에 대한 고민을 하고 있지만 더욱 효과적일 것은 과거와 현재의 CEO들에 대한 경험 프로필을 연구하고 분석해서 어떤 경험이 더욱 유효하게 구성원들 그릿 등에 영향을 미치는지 알아내야 합니다. 이를 통해 CEO 후보자 육성에 여러 고난 경험을 할 수 있

도록 반영해야 하고, 동시에 최고 경영층에 데이터를 통해서 CEO

선발에 의미 있는 인사이트를 제공해준다면 우리 HR은 위기 상황

에서도 지속가능한 전략적 파트너로서 HR 역할을 수행할 수 있지

않을까요?

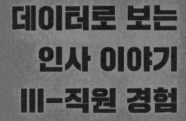

데이터로 보는
인사 이야기
III-직원 경험

직원들이
일하고 싶은 공간은?

어린 왕자는 여섯 번째 별에서 지리학자를 만납니다. 그는 바다와 강, 산 그리고 도시가 어디에 있는지를 정확하게 알고 있는 사람이었죠. 어린 왕자는 지리학자에게 물어봅니다. 그 바다와 강, 그리고 산이 얼마나 아름답고 예쁜지를. 그러나 지리학자는 본인은 학자로서 매우 바쁘기 때문에 책상과 서재를 떠나 한가로이 바다와 강 그리고 산을 돌아볼 시간이 없다고 답하고는 다시 책에 집중합니다. 무엇을 '안다는 것'은 다양한 의미가 있지만 우리가 기대하는 '앎'은 아마도 인지적으로만 습득한 것을 넘어 직접 만져보고 느끼는 '경험'의 과정을 거쳤을 때 더욱 온전한 모습을 가질 것이며, 이러한 측면에서 '경험'은 매우 중요합니다.

최근 우리가 일하는 일터에서 '경험'은 매우 중요한 주제로 대두되고 있습니다. 특히 임직원 경험Employee Experience이 중요한 이유는 누적된 긍정적 경험은 조직 내 성과를 높이는 데 기여하기 때문입니다. 임직원 경험은 조직 환경에서 만나게 되는 모든 경험 중 구성원의 성장, 개발, 몰입 등에 긍정적인 영향을 주는 모든 감정, 인식, 정서를 통칭합니다. 이러한 경험은 문화적, 기술적, 물리적 환경을 통해서 조성되는데 오랫동안 문화 및 기술에 대한 이야기는 많은 관심을 받아온 반면 물리적 환경은 크게 조명 받지 못해왔습니다. Deloitte Insight(2017)에 따르면 임직원 경험에 영향을 주는 5가지 요인으로 '의미 있는 업무', '경영진의 적극적인 지원', '긍정적 업무 환경', '성장 기회', 그리고 '리더십에 대한 신뢰' 등이 있습니다. 여기서도 '긍정적인 업무 환경'이 물리적 환경의 일환으로 뽑혀 있습니다. 그렇다면 우리에게 긍정적인 경험을 주는 환경은 무엇을 의미할까요?

우선 조직 구성원들이 느끼는 공간에 대한 경험을 알아보기 위해서는 그들이 공간에 대해서 긍정적 혹은 부정적으로 이야기하는 내용을 알고 싶었습니다. 즉, 개인이 근무하는 공간에 대해서 긍정적으로 이야기한다면 어떠한 형용사와 명사를 활용하고 있는지? 등이 궁금했습니다. 필자와 동료들은 해외기업 리뷰 사이트인 글래스도어Glassdoor의 데이터를 활용하기로 했습니다. 글래스도어는 현직자와 퇴직자들이 자유롭게 회사에 대한 의견을 기술하고 다양한 사람들과 널리 공유되는 곳으로 유명하며 최근 조직 연구자들에게 많이 활용되고 있는 소스 중 하나입니다. 이는 한국의 잡플래닛과 유사한 서비스이며 미국 등에서 주로 활용되고 있습니다. 다만 글래스도어에 한국기업은 매우 제한적으로 있으므로 미국기업을 선정 했으며, 미국기업을 대표할 수 있는 FAANG Facebook, Apple, Amazon, Netflix, Google을 샘플로 뽑았습니다.

우선 글래스도어에 있는 FAANG의 긍정, 부정 리뷰 데이터를 2만 건 정도를 크롤링했으며, 대부분의 리뷰 시점은 2019년과 2020년에 걸쳐있었습니다. 다음으로 리뷰 데이터를 전처리해서 명사 및 형용사만 남겼고, 우리 분석의 주요한 초점인 "공간"에 대한 인식을 알기 위해서 "Space"와 연관돼서 나오는 단어를 분석했습니다. 다시 말해서, FAANG 구성원들이 "공간"이라는 리뷰를 쓸 때 주로 함께 쓰이는 긍정과 부정의 단어들이 무엇인지를 확인한 것입니다. 이를 통해서 "공간"에 대한 인식을 간접적으로 알 수 있기 때문입니다. 긍정 및 부정리뷰에서 "Space"와 가까운 단어를 각각 10개와 7개로 추출했으며 그 결과는 다음과 같습니다. 각각의 10개 단어를 비슷한 의미로 분류했을 때 3가지 종

류로 구분 가능했으며, 긍정 리뷰에는 "협업", "포용적", "영감을 주는"이 뽑혔으며 부정 리뷰에는 "집중하기 어려운", "접근이 어려운", "자유롭지 않는"으로 선별 가능했습니다.

FAANG 구성원들이 공간에 대해서 긍정적으로 느낄 때는 공간이 보다 구성원들과 함께 일하기 용이하고, 포용적이며, 영감을 줄 때인 반면 부정적인 감정은 공간이 집중하기 어렵고 접근하기 쉽지 않으며 자율성을 보장해주지 않을 때였습니다. 이는 최근 실리콘밸리 기업들이 새로 짓고 있는 오피스 공간과도 맥을 같이 합니다. 특히 Apple의 신사옥은 스티브 잡스가 고안한 대로 구성원 간의 접촉이 잦고 협업하기 쉬우면서도 영감을 줄 수 있는 공간으로 설계되었다는 점을 볼 수 있습니다. 이렇듯 구성원들은 긍정적 공간에 대한 요구가 명확히 있으며 이는 긍정적 경험과도 높은 관련성을 갖고 있을 것이라고 추론해볼 수 있습니다.

높은 급여, 다양한 성장 기회 등이 구성원들의 몰입을 높여준다는 여러 연구 결과가 있고 이를 위해 다양한 활동과 제도가 생겨나고 운영되고 있듯이 앞으로 우리는 직원들에게 긍정적 경험을 주기 위해서 공간에 대해서 많은 관심을 가져야 할 것입니다. 어떠한 공간 구성이 직원들에게 보다 긍정적인 감정과 경험을 불러일으키는 지와 부정적 경험을 최소화할 수 있는지 말입니다. 다양한 경험 요소에 대한 고민으로 우리는 구성원들이 피상적으로 제도에 반응하는 존재가 아니라 특정 공간에서 긍정적 경험을 함으로써 조직에 더욱 높은 성과를 내는 주체적인 존재로 볼 수 있지 않을까요?

어떤 회사를
선택해야 하는가?

잠시 멈춰서 가고 싶은 회사를 떠올려보시죠. Google, Facebook, Apple, Amazon, 삼성전자, 현대자동차… 여러 회사가 머리속을 스쳐 갔을 것입니다. 그러면 왜 이런 회사에서 근무하고 싶을까요? 높은 급여, 일과 삶의 균형, 성장 가능성, 복지, 브랜드 등 다양한 요소가 있을 것입니다. 마지막으로 나는 지금 회사를 왜 계속 다니고 있나요? 안정성, 급여, 성장, 브랜드, 동료 등 다양한 이유가 있을 것입니다. 우리가 회사를 선택하고 계속해서 다니는 데 결정적인 역할을 하는 요소들이 있는데, 이를 회사 관점으로 보면 '어떠한 가치를 구직자와 직원들에게 제공하고 있는가?' 개념인 EVP^{Employee Value Proposition}로 설명할 수 있습니다. 글래스도어^{Glassdoor}가 발표한 2020 Best Work Place 순위를 보면, Hubspot과 Bain & Company가 1위와 2위를 차지했는데, 두 곳 모두 "성장할 수 있는 곳"이라는 가치를 직원들에게 제공해주고 있었습니다. 다시 말해서, 위 두 곳은 구직자와 직원들에게 "성장"이라는 가치를 주고 있다는 것입니다. 그렇다면 우리 회사는 어떠한 가치를 주고 있을까요?

I사에서 신입사원을 대상으로 진행했던 설문에 따르면 '우리 회사를 선택하는 데 가장 중요한 가치는?'이란 질문에 54.4%가 '개인의 성장 가능성'을 뽑았다고 합니다. 물론 급여 및 복지 등도 기본적으로 중요한 요소지만 소위 말하는 요즘 세대인 MZ 신입사원들은 개인의 성장 가능성을 중요한 가치로 뽑았다는 것이죠. 이는 PwC^{PricewaterhouseCoopers}가 전 세계적으로 조사했던 연구 결과와도 맥을 같이합니다. 개인의 성장 가능성이 높은 곳에서 직무 만족과 조직 몰입을 느낀다는 것입니다. 그렇다면 다음 질문은 '성장 가능성' 가치를 어떻게 제공해줄 수 있을까?일 것입니다. '성장 가능성'과 관련된 여러 가지 개념이 있지만 저희는 '고용 가능성^{employability}'이 가장 유관성이 높다고 생각합니다. 고용 가능성은 '조직 내/외부가 요구하는 능력을 보유한 상태'를 의미하며, '조직

내'의 이동 가능성과 '조직 외'에서의 구직 가능성을 모두 포함하고 있는 개념입니다. 그러므로 한 조직에서 일했을 때 고용 가능성이 높아졌다는 것은 그만큼 조직 내/외부에서 자유롭게 일자리를 구할 수 있을 정도로 '성장'했다는 의미기도 합니다.

I사에서는 임직원들에게 '고용 가능성'을 묻는 진단을 실시했고, 주요 개념은 조직 내외 이동 가능성을 묻는 8개의 문항으로 고용가능성 진단을 실시했습니다. 문항 1~문항 4는 현재 근무하고 있는 조직 내에서 고용 가능성을 물어본 반면, 문항 5~문항 8은 조직 외부에서의 재고용 가능성과 관련이 있었습니다. 약 420명 정도가 6점 척도를 기준으로 응답했으며 임원부터 사원까지 다양한 직급이 참여했으며 전체적인 응답 형태를 알아보기 위해서 잠재프로파일분석Latent Profile analysis; LPA을 활용했습니다. LPA는 비슷한 특성의 집단을 확률적 추정에 기반하여 구분해 주는 분석입니다. 〈그림 2〉과 같이 임직원들은 4가지 집단으로 '고용 가능성'에 대해서 구분되었습니다. 네 집단 중 1번 집단과 3번 집단의 차이가 흥미로웠습니다. 2번과 4번 계층은 전반적으로 높고 낮은 집단이라고 규정할 수 있지만, 1번은 내부 고용 가능성은 높게 인지하는 반면, 외부는 낮게 인식하며, 3번 집단은 내부는 낮게 인지하면서 외부 고용 가능성을 높게 생각하고 있다는 점입니다. 이러한 프로파일을 바탕으로 1번과 3번 계층을 들여다보니 차이가 있었습니

　데이터로 보는 인사 이야기

다. 1번 계층은 임원을 포함한 관리자급이 많이 포진해있던 반면, 3번 계층은 사원급을 포함한 주니어급 인력이 대부분이었습니다. 요약하면 직급이 낮을수록 내부 이동 가능성은 낮지만 외부 시장에서는 '팔릴 가능성'이 높다고 생각하는 반면, 직급이 높을수록 내부에서 이동할 가능성은 높지만 외부에서는 통하지 않을 것이라 인지한다는 것입니다.

그렇다면 EVP 관점에서 '성장 가능성' 혹은 '고용 가능성'이 중요하다면 I사는 이를 높여주기 위해서 무엇을 해야 할까요? 다양한 방법이 있겠지만 무엇보다 조직 내부에서도 다양한 산업과 직무를 이동할 수 있는 제도적 보완과 필요로 하는 역량을 키워주는 리스킬링과 업스킬링이 필요합니다. 더불어, 조직 외부에서도 고용 가능성이 높기 위해서는 조직의 인재 채용-개발-보상 등에 대해서 다양한 루트로 홍보하고 적극적으로 알릴 필요가 있습니다. HR에서 직원들이 외부에서 직업을 구할 수 있도록 돕는 활동이 과연 타당할 것인가?에 대한 질문이 뒤따를 수 있겠지만 구성원들은 '성장 가능성'이 높은 곳에 오고 싶어 하고 계속해서 있고 싶어 합니다. 그러므로 내부와 외부에서 통할 수 있도록 다양한 성장 기회와 외부에서의 브랜드를 만들어준다면 HR의 주요 고객인 임직원들은 우리와 함께 있을 것이며, 혹시라도 그들이 외부로 가게 되더라도 I사 출신으로서 I사 브랜드를 높여줄 것입니다. 겨울

철 연탄을 나르며 사회공헌을 하는 것이 아니라 우리의 본업과 일로 구성원들이 어디서든 통할 수 있는 고용 가능성을 높여주는 일이야말로 사회에 공헌할 수 있는 일이 아닐까요?

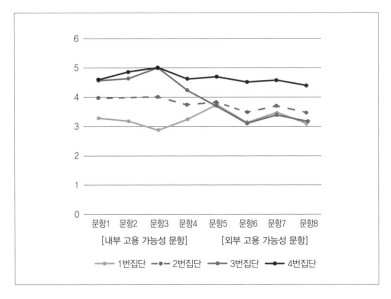

[그림 2] LPA 분석 결과

일자리에 대한
단상

어린 시절을 돌이켜보면 지금은 존재하지 않는 학원들이 있습니다. 저희 기억 속에는 주산 학원이 가장 크게 와닿는데요. 어린 시절 주판을 들고 학원에 가서 계산하는 법을 배우면 수학적 사고를 향상시킬 수 있었다고 강요받던 기억이 있습니다. 그런데 어느 순간 주판 학원이 없어지기 시작하고, 계산기가 그 자리를 채우기 시작했습니다. 물론 계산기 학원이 생기지는 않았지만 오랜 시간 동안 우리의 계산 능력을 계산기에 외주^{Outsourcing}줬지요. 그런데 지금은 계산기보다는 엑셀 등을 활용하고 있으며 대규모 계산은 자동화가 되기도 했습니다. 기술은 이렇게 우리가 일하는 직무 성격을 바꾸고 있습니다. "계산한다"는 직무는 동일하지만 이를 수행하는 "방식"이 변화하고 있을 뿐이죠. 그렇지만 그 "방식"에 따라서 일자리 숫자 역시 바뀌고 있습니다. 본서 초반에도 말씀 드렸지만 말씀드렸지나 국내 기업 사례를 통해서 2017년과 2020년의 일자리 숫자 변화와 Frey & Osborne(2013)에서 제시한 기술에 의한 일자리 대체 확률은 통계적으로 유의한 관련성을 보이고 있었습니다. 더욱 두고 봐야겠지만 기술 발전으로 인해서 우리가 수행하는 일자리 숫자와 그 성격이 변화하고 있고, 그 추세는 더욱 빨라질 것입니다.

국내 기업인 J사는 일자리 변화에 대해 임직원 약 430명에게 설문을 수행했습니다. 구체적으로 '일자리 숫자 변화에 대한 예측', '수행 업무의 변화 정도', '업무 대체 정도', '변화 시기', '변화하는 시기에서 현재 직무의 전문성 유지 정도' 및 '변화에 대한 준비 정도' 등을 물어봤습니다. 우선 70%가 넘는 응답자가 기술 발전으로 인해서 일자리가 감소할 것이라고 대답했으며, 95% 이상이 기술에 의해서 수행 업무 성격이 변화할 것이라고 대답했습니다. 다음으로 기술에 의해서 현재 수행하고 있는 업무의 1/4 이상이 대체될 것이라고 80% 이상이 응답했으며 그러한 변화는 5년 이내에 발생할 것이라고 56% 가까이 응답했습니다. 변화에 따른

데이터로 보는 인사 이야기

전문성 유지 정도는 87% 가까이가 기술적 요인에 의해서 영향은 받겠지만 나의 전문성은 어느 정도 유지될 것이라고 믿고 있었던 반면, 변화에 대한 준비도는 33%만이 어느 정도 되어있다고 응답했습니다. 흥미롭게도 나의 전문성은 유지되겠지만 일자리 변화에 대해서 준비는 대부분 안 되어있다고 응답한 집단이 있는데 전체적인 긍정/부정 응답으로만 볼 수 없는 함의점Implication을 뽑기 위해선 조금 더 집단을 세부 특성에 따라 나눠서 볼 필요가 있습니다.

우선 일자리 숫자와 수행 업무의 성격에 대해 40대 이상 직원들이 변화를 심각하게 인지하고 있었으며 기술 변화 시기 역시 빠르게 도래할 것이라고 예측하고 있었습니다. 이에 더해 40대 이상 직원들이 전문성 유지와 변화 준비도 역시 높게 반응했습니다. 이는 통상적으로 생각하는 20-30대의 젊은 직원들이 기술적 변화에 대해서 더욱 빠르고 유연하게 대응할 수 있을 것이라는 인식과 조금 다릅니다. 조금 더 들여다보면 20대가 변화 준비도 측면에서 연령별에서 가장 낮게 나왔으며 전문성 유지 역시 가장 낮은 수준으로 유지될 것이라고 내다보고 있었습니다. 그런데 J사에서는 DT시대의 주축 집단으로 20-30대를 타겟팅 하고 있었으며 리스킬링 역시 성공적으로 해낸 선례가 쌓여가고 있었습니다. 더불어, 20-30대 집단은 리스킬링에 대한 의지 역시 40대에 비해서 높았습니다.

　그러면 생각할 수 있는 질문은 두 가지일 것입니다. 첫째, 정말
로 40대 이상 직원들이 기술적 변화에 대한 준비가 잘되어 있고
전문성이 유지될 것인가? 둘째, 기술적 변화에 맞춘 리스킬링 의
지가 높고 변화에 대한 준비가 낮다고 인식한 20~30대에게 먼저
회사의 자원을 투입해 여러 가지 지원을 제공할 것인가? 입니다.
우선 연공서열 기반의 직급 및 보상 체계가 아직까지 작동하고 있
는 J사와 같은 한국 기업에서 40대 이상은 관리자일 가능성이 높
습니다. 즉, 그들은 대부분 일을 시켜서 하고 있으며 의사결정에
많은 시간을 쏟습니다. 그러므로 실질적으로 '기술'을 이용해서
업무를 수행할 가능성이 낮다고 추론해볼 수 있습니다. 다시 말해
서, AI, 빅데이터, Cloud 등의 기술적 변화를 도입해서 실제 업무
에 적용해보지 않았기 때문에 기술적 변화에 대한 실체를 잘 모를
수 있습니다. 반면, 20-30대 직원들은 변화하는 기술에 적응하기
위해서 다양한 기술을 익히려는 노력을 하고 있으므로 빠르게 뛰
어가는 기술 발전 속도를 인지하고 본인이 준비도가 부족하다고
생각할 수 있을 것입니다.

　그렇다면 우리 HR이 해야 할 일은 무엇일까요? 우선 필자는
전 직원들에게 기술적 변화를 직접 경험시켜주는 것이 중요하다
고 생각합니다. 가령, AI, 빅데이터 분석, 가상현실(Virtual Reality:

데이터로 보는 인사 이야기

VR) 등을 화면이나 동영상으로 보여주는 것이 아니라 실제로 체험하게끔 하는 것입니다. VR을 통한 평가 및 교육 사례는 국내에서도 다수 소개된 바 있으므로 이를 적극적으로 체험하게끔 하는 것이 중요합니다. 더불어, AI 등도 최근에는 프로그래밍 언어를 최소한으로 하고도 실행할 수 있는 로우 코드Low-Code 프로그래밍이 있으며 아마존에서 제공하는 SageMaker 등도 배워볼 만한 도구입니다. 기술적 변화를 직접 체험해서 쓰게 한다면 현장에서 벌어지고 있는 변화를 체감하고 20-30대와 공감할 수 있을 것입니다. 다음으로 20-30대가 갖고 있는 리스킬링에 대한 의지는 상당히 의미 있는 자산입니다. 일본 캐논은 최근 전략적 변화에 따라서 카메라 산업에서 헬스케어 산업으로 관련 산업을 바꾸고 있습니다. 이에 따라서 기존 카메라 산업 인력을 헬스케어로 변화시켜야 하는 상황에 처했으며 오랜 기간 공을 들인 끝에 성공 사례를 만들기에 이릅니다. 흥미로운 점은 리스킬링에 성공한 사람들은 학력이나 기존의 기술 수준 때문이 아니라 높은 동기 수준을 갖고 있는 집단이었습니다. 기술에 대한 수용력이나 선행 수준도 중요하지만 결국 흥미와 끝까지 할 수 있는 끈기가 전환에 주요한 요인이었습니다. 그러므로 20-30대가 갖고 있는 의지는 조직에 매우 가치 있는 자산이라고 할 수 있겠습니다.

앞으로 기술 변화 속도는 더욱 빨라질 것이고 이에 따른 우리의 학습과 적응도 더욱 숨 가쁘게 일어나야 할 것입니다. 기술 발전이 일자리를 사라지게 할 것이라는 우려도 되지만 우리가 하는 일의 성격을 바꿀 것이라는데 이견을 다는 사람은 아무도 없을 것입니다. 그러므로 우리 HR은 조직 구성원들이 상시로 학습하고 적응할 수 있도록 다양한 기술을 직접 체험할 수 있도록 해야 하며 흥미를 계속 느낄 수 있고 도와야 합니다. 이를 위해서 HR 역시 데이터 및 기술적 변화를 업무에 먼저 적용하려는 노력을 해야 하지 않을까? 기술적 변화 시대에 First 펭귄이 HR이 되길 바랍니다.

데이터로 보는 인사 이야기

일 잘하는 팀의 특성
[소셜 네트워크]

"자, 당신은 팀장입니다. 그리고 여기 2명의 팀원이 있습니다. 한 명은 S대를 나온 매우 똑똑한 친구로 새로운 일을 맡기면 기획안 하나는 정말 잘 써옵니다. 그러나 동료 및 상사와 잦은 갈등을 빚습니다. 반면 나머지 한 명은 학력이 그리 좋지는 않지만 새로운 일을 맡기면 끝까지 책임진 바를 다하고 주변 동료와의 관계도 좋습니다. 2명 중 누구에게 높은 평가를 주실 건가요?

아마도 가치관 및 조직 상황에 따라서 답은 다를 것입니다. 위 질문을 조금만 바꿔보겠습니다. 한 개인이 성과를 내는데 개인 역량(지식, 스킬 등)이 차지하는 비율이 높을까요? 개인 능력치에 따라서 얼마큼 차별적인 성과를 만들어낼 수 있을까요? 강성춘(2020)에 따르면 개인 성과에서 개인 역량이 설명하는 비율은 약 30%정도 이고 나머지 70%는 사회적 자본과 조직 자본이 차지한다고 합니다. 사회적 자본은 조직 내 다른 사람과의 관계 및 그 관계에 내재된 지식을 일컫고 조직 자본은 조직 문화, 시스템 등을 통칭합니다. 이렇듯 조직에서 개인기로만 성과를 잘 낼 수 있는 경우는 매우 드뭅니다. 그렇다면 어떤 사회적 자본을 가진 조직이 성과가 높을까요?

조직 내 구성원 간의 상호작용 및 효과적인 구조를 연구하는 분야 중 하나가 바로 소셜 네트워크Social Network 영역입니다. 대표적으로 하버드 대학교 사회 심리학자인 밀그램Milgram의 '좁은 세상 실험Small World Experiment'이 대중에게 유명한 사례인데요. 최근 많은 국내 조직에서도 사일로Silo 현상을 해결하고 더욱 창의적이고 효과적인 결과를 만들기 위해서 네트워크 연구가 진행되고 있습니다. 한국의 대표적인 제조업 기업인 W사 역시 조직 내 효과적 네트워크를 가진 팀을 찾기 위해서 여러 연구자와 함께 네트워크를 분석한 바 있습니다. 여기에서는 네트워크 분석 이해를 위해서 대표 샘플 4개 팀만 예시로 활용하고자 합니다.

네트워크를 분석하고 이해하기 위해서 여러 가지 지표가 활용되는데 그 중 대표적 지표가 밀도와 집중도입니다. 밀도는 한 네트워크 내의 구성원들이 상호작용하는 강도 및 빈도를 의미하고 (정명호·오홍석, 2007), 집중도는 구성원 간 연결 관계의 편차 Variance를 의미하는데 밀도가 전체 네트워크의 응집성을 나타낸다면 집중도는 구성원 간의 연결이 특정한 행위자를 중심으로 집중되는 정도를 나타냅니다(Scott, 1991). 두 가지 지표를 바탕으로 네트워크를 업무조언 및 친교 네트워크로 구분하여 4개 팀의 밀도와 집중도를 분석했습니다.

우선 아래 [표 2]를 살펴보면 A~D팀까지 업무조언 및 친교 네트워크의 밀도와 집중도가 표시되어 있습니다. A팀은 밀도가 평균적으로 가장 높고 집중도 역시 다른 팀에 비해 낮은 것으로 드러났습니다. 즉, 밀도가 높으면 구성원 간 상호작용이 빈번함을 의미하고, 집중도가 낮으면 해당 팀원 중 업무조언 및 친교 관계에서 중심적인 역할을 하는 사람이 존재하고 있음을 보여준다는

[표 2] 네트워크 분석 결과

	업무조언 네트워크 밀도 (Density)	친교 네트워크 밀도 (Density)	업무조언 네트워크 집중도 (Centralization)	친교 네트워크 집중도 (Centralization)
A	4.25	3.833	0.0222	0.0267
B	3.417	2.5	0.0489	0.0247
C	3.333	2	0.0556	0
D	3.667	2.083	0.0278	0.0208

것입니다. 본 수치가 높을수록 중심인물이 두드러지는 것이고 낮을 수록 팀원의 상호관계가 분산되어 있다고 해석할 수 있습니다.

위 4팀 구성원간 상호작용을 살펴보면 다음과 같습니다. 우선, A팀은 업무조언 및 친교 네트워크 모두 골고루 관계를 맺고 있음을 알 수 있습니다. 그리고 B팀 역시 업무조언 네트워크는 상호 관련성이 높지만 친교 부분은 관계 하나가 끊겨 있음을 알 수 있습니다.

다음으로 C팀은 업무조언 네트워크는 촘촘하게 관계 맺어져 있지만, 친교 네트워크에서 관계가 끊겨 있음을 알 수 있습니다. 즉, 상호 작용이 구성원 간에 A나 B팀보다는 덜 활발하다고 할 수 있습니다. 마지막으로 D팀 역시 업무조언의 밀도는 높은 반면 친교 네트워크는 한 사람이 섬처럼 있음을 알 수 있습니다. 조직에서 업무를 위한 소통은 자주 하지만 사적인 모임이나 일과 후 식사 등은 주로 하지 않는다는 것입니다. 여기서 친교 네트워크는 일과 이후나 주말 등에 사적인 목적을 갖고 만나는 활동 등을 의미합니다. 지금까지 살펴본 4개 팀 중에서 업무조언 네트워크는 해당 조직의 모든 팀이 골고루 상호작용은 잘 되지만, 친교 네트워크는 팀마다 작용이 상이하다고 할 수 있습니다.

4개 팀의 네트워크를 보고 주요하게 해야 할 질문이 있습니다. 그러면 어떤 팀이 가장 성과가 높을까요? 일견 A팀이 가장 높

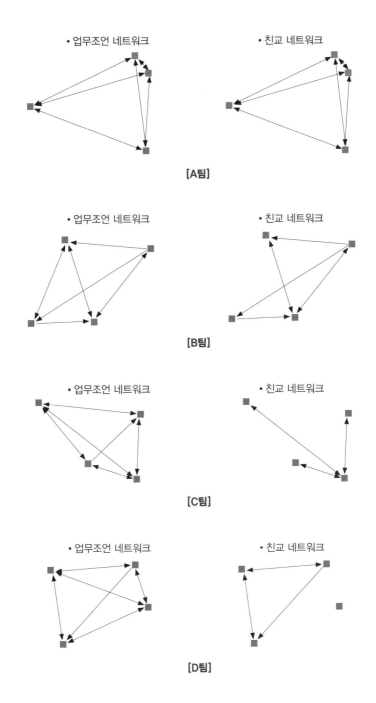

• 업무조언 네트워크   • 친교 네트워크

[A팀]

• 업무조언 네트워크   • 친교 네트워크

[B팀]

• 업무조언 네트워크   • 친교 네트워크

[C팀]

• 업무조언 네트워크   • 친교 네트워크

[D팀]

은 성과를 보이는 것이 마땅해 보입니다. 그런데 실질적으로 D팀이 가장 높은 성과를 보이는 팀이었습니다. 사회 네트워크 측면에서 고성과 팀을 설명하는 구조에서 업무조언 네트워크는 차이가 없고, 친교 네트워크는 정 반대의 관련성을 보이고 있다는 것인데요. 이에 연구자들은 다른 네트워크 특성인 신뢰 네트워크에 관심을 가졌습니다. 신뢰 네트워크는 개인 업무 능력 및 전문성에 상호 신뢰 수준을 이야기하는 것인데, D팀의 신뢰 네트워크는 아래 그림과 같이 상호 간에 높은 관계가 있음을 알 수 있습니다.

• 신뢰 네트워크

결국 소셜 네트워크 관점으로 보면 업무 조언과 친교 네트워크의 상호 작용도 중요하지만 결국 신뢰 네트워크가 중요함을 알 수 있습니다. 업무 시간 외 사적인 모임을 통해서 상호 간에 "끈끈한" 관계를 갖는 것도 중요하지만, 함께 일하는 환경에서 상호 간 신뢰와 믿음과 전문성에 대한 믿음이 조직 성과에 긍정적 영향을 끼칠 수 있다는 것입니다. 우리 모두는 시대적 필요성에 따라서 소셜 네트워크가 중요함을 많이 느끼고 있습니다. 그럼에도 불구하

데이터로 보는 인사 이야기

고 단순히 "관계"가 좋다고 해서 조직에 이득이 되는 것은 아닐 것입니다. 측정하고 진단해서 어떠한 네트워크가 조직 성과에 기여하는지를 알아보는 게 매우 중요하다고 할 수 있겠습니다. 이 챕터를 통해서 독자분들과 소셜 네트워크가 약하게나마 생겼기를 기대하며 다음 챕터로 넘어가시죠.

현지 직원은
왜 그만둘까?

하우불이(下愚不移)

논어의 양화편에 나오는 사자성어로 어리석은 사람의 버릇은 절대 고치기 힘들다는 의미입니다. 이 사자성어는 공자의 일화와 함께 주로 구전되어 오고 있습니다. 어느 날 공자가 제자들과 함께 길을 걷는데 길 한가운데서 변을 보는 사람을 마주쳤습니다. 공자는 조심스럽게 그를 피해서 재촉하여 길을 걸었습니다. 며칠 후, 제자들과 다른 길을 가던 중 이번에는 숲속에서 변을 보는 사람을 마주쳤는데, 이번에 공자는 그에게 다가가 크게 꾸짖었다고

데이터로 보는 인사 이야기

합니다. 이를 본 제자들이 의아하게 여겨 길 한가운데서 변을 본 사람을 보내고 숲속에서 큰일을 본 사람에게는 혼을 낸 연유를 물었습니다. 이때 공자는 숲속에서 변을 본 자는 일말의 양심이라도 있으니 가르치면 되겠지만 다른 사람은 아예 부끄럼이 없어 고치기 어려워 아무 말 하지 않았다고 답합니다. 캐롤 드웩이 이야기 했다는 성장형 마인드셋의 중국판 정도로 설명할 수 있는 하우불이 사례는 사람의 변화 가능성을 말해주는 좋은 사례라고 할 수 있습니다. 본 분석은 필자 중 한 명이 과거에 했던 분석에 대해서 다시 한번 되돌아보고 나은 방향을 제시하는 목적으로 실행되었습니다.

2019년 초 필자 중 한 명은 한 매거진을 통해 "베트남 현지 직원들이 퇴사한 이유"에 대해서 글을 기고한바 있습니다. 해당 글은 베트남 현지인이 그만두는 이유를 문헌 및 데이터로 증명한 내용을 담고 있습니다. 분석 결과 현지 직원들은 회사의 비전과 중요한 정보가 잘 공유되지 않고 의사결정과정에서 배제되기 때문에 그만두는 것으로 밝혀졌습니다. 다국적 기업Multinational Corporate은 뛰어난 현지 직원들의 유지Retention에 많은 고민을 하고 있습니다. 이를 해결하기 위해 여러 주재원과 인터뷰를 하고 KOTRA 자료를 살펴보면 천편일률적으로 나오는 답이 있었는데, 그것은 바로 "보상Compensation"입니다. 복지, 비전, 성장 가능성과는 상관없이 단순히 옆 회사에서 한 달에 10만 원이라도 더 주면 현지 직원들은 이 직 한다는 것입니다. 이러한 주장에 대해서 의문을 품고 필자는 연구회를 통해서 HR 동료들과 함께 문헌 분석, 현지 인터뷰 및 데이터 분석을 실시했었습니다.

'보상 때문에 그만둔다'라는 기존의 통념과는 다른 분석 결과였기 때문에 경영층은 연구 및 분석 결과를 흥미롭게 받아들였습니다. 더불어, 현지 직원들에게 주재원과 현지 리더들이 비전 및 회사 내 정보 공유를 활발하게 하라는 제도 역시 만들어졌습니다. 그럼에도 불구하고 무엇인가 명료함이 부족했습니다. "정말로 그들은 비전과 정보 공유 부족 때문에 그만두는 것일까?" 스스로에게 질문했고 계속해서 반문했습니다. 그러던 중, 현지 직원들에게 받았던 주관식 텍스트 데이터가 눈에 들어왔습니다. 당시만 하더라도 설문을 통한 통계 결과에 집중했기 때문에 눈에 들어오지 않았던 데이터였지만 궁금함을 풀어주지 않을까? 하는 기대에 새로운 분석에 착수했습니다. 주관식 설문의 질문은 크게 두 가지였습니다. "우리 회사에 제도/규정 측면에서 개선할 부분이 무엇인가요?"와 "우리 회사의 조직문화 측면에서 변했으면 하는 부분은 무엇인가요?". 응답자들은 자유롭게 영어 및 베트남어로 답했으며 베트남어는 현지인 및 구글 번역기의 도움을 받았습니다.

파이썬 NLTK^{Natural Language Toolkit} 패키지를 이용해서 영문의 불

용어stopwords를 처리했고 추출된 결과를 바탕으로 키워드 네트워크 분석을 실행했습니다. NLTK 패키지는 자연어 처리 및 문서 분석용 파이썬 패키지이며, 자연어 처리Natural Language Processing는 우리가 일상생활에서 활용하는 언어인 자연어를 컴퓨터가 처리할 수 있도록 하는 일련의 활동을 의미합니다. 아래 그림은 Gephi라는 시각화 도구를 이용해서 만든 결과이며, "제도/규정" 및 "조직문화" 측면으로 구분했습니다. 우선 "제도/규정" 측면에서 주목할 부분은 바로 보상Compensation의 크기와 연결성입니다. 보상이란 단어가 가장 크고 중앙에 위치한다는 것은 샘플에서 가장 빈번하고 중요하게 등장하는 단어임을 의미합니다. 더불어, 중요하게 등장하는 단어임을 의미하며 incentives, system, increase, promotion 등과 함께 출현하는 것을 알 수 있습니다. 다시 말해서 "제도/규정" 측면에서 개선되었으면 하는 가장 중요한 부분으로 "보상 Compensation"과 관련된 단어들이 도출되었다는 점입니다. 이는 기존 설문자료의 분석을 통해서 나왔던 결과와는 사뭇 다릅니다. 여러 가지로 해석될 수 있겠지만 설문 상황에서 사회적 바람직성Social Desirability이 작동했을 것으로 생각해볼 수 있습니다. 즉, 개인들은 직접적으로 "급여" 때문에 그만둔다고 말하기보다는 사회적으로 혹은 "바람직해 보이는" 조직 비전 및 정보 공유 등의 이야기를 할 수 있는 것입니다. 다음으로 "조직문화" 측면의 결과에서는 교환

Exchange를 중심으로 teambuilding, workshop, activity 등이 주요한 단어로 연결되어 있습니다. 이는 기존 설문 분석을 통해서 도출되었던 '정보 공유 부족' 결과와 비슷한 의미를 가질 것으로 추론됩니다. 즉, 조직 내 비전, 정보가 공유되지 않으므로 다양한 교환 Exchange 활동을 요구하고 있는 것입니다.

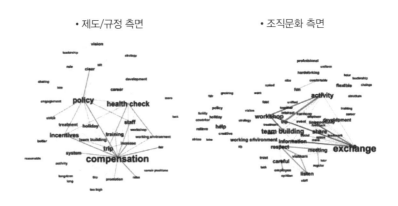

본 분석을 통해서 People Analytics 관점에서 얻을 수 있는 함의는 다음과 같습니다. 우선 분석가 입장에서 보면 정의된 문제를 해결하기 위해 다양한 분석 방법을 활용해야 한다는 것입니다. 기존에 수행했던 분석은 "베트남 현지 직원들은 급여 때문에 이직할까?"란 질문에 답하기 위해서 설문이란 방법을 활용했습니다. 물론 설문을 통한 결과가 모두 특정한 편견Bias이 있는 것은 아니겠지만 설문 상황과 문항의 성격(예. 이직 의도 등)을 들여다봤을

데이터로 보는 인사 이야기

때 여러 제한점이 있을 수 있습니다. 그러므로 설문뿐만 아니라 텍스트 분석, 네트워크 분석 등 다양한 방법 등을 가지고 다각도로 문제를 정의하고 분석해볼 필요가 있습니다. 둘째, 데이터와 데이터 분석이 항상 객관적이고 옳지만은 않다는 점입니다. 데이터 원천, 데이터의 맥락 및 분석가의 문제 정의 등에 따라서 분석과 결과는 다르게 나올 수 있습니다. 그러므로 분석과정과 결과에 대해서는 끊임없이 고민하고 바뀔 수 있음을 주지해야 할 것입니다.

학계에서는 과거에 쓰인 논문에 대해서 후대의 학자들이 끊임없이 다시 검증하고 고찰하는 과정을 통해 발전적인 피드백이 생겨나고 학계는 성장하며 자생력을 갖습니다. 그렇듯 함께 근무하는 HR 동역자들과 함께 성장할 수 있는 기회로 삼고 싶은 마음에 필자 역시 동료가 준 여러 제안 및 문제의식, 그리고 분석으로 인해서 성장할 수 있던 것 같습니다. 하우불이 하지 않고 지속적으로 성장하는 HR과 People Analytics 생태계를 꿈꾸며 본 챕터를 마칩니다.

VR을 이용한
상황판단검사

"변화란 무엇인가?"

난해한 이 질문에 답하기 위해서 고대 철학자들은 많은 고민을 했습니다. 플라톤은《국가론》7권에서 '동굴의 비유'를 통해서 우리가 바라보는 현실 세계는 이데아의 그림자라고 했습니다. 그는 우리가 바라보는 현실은 변화하지 않는 이데아를 모방한 것에 불과하다고 했습니다. 모든 것이 변화한다는 직관적인 개념을 널리 받아들이는 데 오랜 시간이 걸렸다고 합니다. 현재는 널리 통용되고 있는 변화의 개념은 시간이 흘러감에 따라 어떤 것이 과거의 상태에서 벗어나 현재의 상태가 되고 미래의 상태로 다시 달라지는 것을 의미합니다.

여기서 HR에 종사하는 사람에게도 중요한 질문이 나옵니다. "사람을 변화시킬 수 있는가?" 질문에 대한 대답은 개인이 갖고 있는 신념과 가치, 그리고 수행하고 있는 구체적인 일에 따라서 달라질 것입니다. 가령, 교육담당자가 '사람은 변화시킬 수 없다'라고 대답을 한다면 그들이 수행하고 있는 일의 전제를 부정하게 되는 것입니다. 반면, 구글은 HR 예산 대부분을 '사람을 변화시키는 일' 보다는 채용에 투자하고 있습니다. 많은 조직이 사람을 변화시키는 일에 천문학적 금액을 투자 하기도 하고, 변화보다는 다른 방향성에 돈을 사용하기도 하는데 중요한 전제는 아마도 '사람의 변화는 매우 어려운 활동'이라는 데 있을 것입니다.

돌이켜보면 많은 기업들이 임직원 변화를 위해서 명사 초청에 수백 혹은 수천만 원의 돈을 쏟아붓고, 좋은 콘텐츠를 만들기 위해서 많은 투자를 하고 있습니다. 하지만 경험을 통해서 알고 있듯이 아무리 좋은 강사와 콘텐츠가 있다고 하더라도 실질적으로 그들이 변화했다고 기대하기는 매우 어려운 일입니다. 그렇기 때문에 McCall, Lombardo & Morrison이 1988년 발표한 이래로 많은 기업 현장에서 활용하고 있는 '70:20:10 Rule'이 전 세계적으로 주목받고 있는지도 모릅니다. 반론도 만만치 않지만 훌륭한 리더의 실질적인 변화는 70%의 경험, 20%의 대인관계 그리고 10%의 교육과 책으로부터 나온다는 것입니다.

디지털 전환 시대의 많은 기업이 미래를 대비하기 위해 명사 특강과 콘텐츠를 준비하고 있습니다. 빅데이터, IoT, AI 등 엄청난 기술의 발전에도 불구하고 교육 담당자들은 여전히 집합식 교육을 통해서 그러한 기술적 변화가 가지고 올 시대를 대비하려고 합니다. 새 술은 새 부대에 담으라는 말이 비단 성경을 통해서 교훈처럼 강조되는 것이 아니라, 우리 HR 직무에도 활용돼야 할 시기입니다. O사는 이미 많은 기업이 활용하고 있는 역량개발과정 Development Center(여러 시뮬레이션 과제를 바탕으로 개인 역량을 측정한 후 역량 향상을 위해 진행하는 일련의 개발 활동) 방식을 이용해 신임 임원들의 역량 진단 및 개발을 돕고 있습니다. 다양한 시뮬레이션 과제를 제시해서 임원으로서 필요한 리더십 역량 수준을 측정하고 이를 개발할 수 있는 방향성을 제안하는 과정입니다. 동시에 O사는 미래 시대에 필요한 역량을 자체적인 연구를 통해서 도출했는데, 바로 '기민성Agility'과 '융합Convergence'이 바로 그것입니다.

O사의 미래를 이끌어갈 리더들에게 미래 역량과 시대 변화를 강조하면서 한쪽에서는 수십 년 묵은 DC방식만을 활용한다면 '새 술을 옛 부대에 담는' 우를 범하는 것이었습니다. 그래서 다양

데이터로 보는 인사 이야기

한 기술적 변화에 대한 연구를 진행했고, VR^{Virtual Reality}과 AI^{Artificial Intelligence} 기술을 적용하기로 했습니다. 필자는 영국심리학회^{The British Psychological Society}에서 인증하는 어세스먼트^{Assessment} 자격 인증 과정에서 만난 여러 산업심리학 컨설턴트들과 함께 VR 기술을 이용한 상황판단검사^{Situational Judgement Test}의 아이디어를 토의했고 전체적인 방향성을 도출했습니다.

그 결과 만들어진 VR 기반 상황판단검사는 미래 역량인 기민성과 융합을 측정하는데, 신임 임원들이 직무를 수행하면서 마주칠 수 있는 9개의 상황을 제시합니다. VR을 통해서 주어진 상황에서 응시자들은 본인들의 반응을 기록할 수 있게 되어 있습니다. 구체적으로 해당 팀장들이 팀을 이끄는 상황에서 의사결정을 위한 조언을 구하는 상황, 신제품 마케팅 방안에 대한 의사결정 상황, 성과평가 방안에 대한 회의 상황 등이 몇 가지 예시 중의 하나입니다. 검사의 중요한 상황 도출 및 모범 답안^{Scoring}은 주요 임원 및 차기 CEO 등을 대상으로 한 인터뷰와 설문 등을 통해서 도출됐습니다.

상황판단검사는 주어진 상황에서 보이는 경향성^{Tendency}을 측정하는 데 유효한 검사로 널리 활용되고 있습니다. O사는 상황판단검사를 AC^{Assessment Center}에서 오래전부터 활용해왔는데, 응답 방식은 설문지를 기반으로 진행해왔습니다. 설문지를 기반으로 한 응답 방식은 상황에 대한 몰입에 제한이 있다는 문제점이 있습니다. 미국의 여러 기업 현장에서 이러한 몰입 문제를 해결하기 위해서 비디오를 통해 수행했던 적도 있습니다. 그럼에도 불구하고 상황판단검사는 몰입과 관련된 이슈를 일정 부분 가지고 있었습니다. 영국의 한 컨설턴트는 자체 연구 조사를 통해서 VR 기술의 몰입도를 측정했습니다. 그는 VR을 통해서 절벽 아래를 떨어지는 실험을 수행했는데, 가상 상황이고 보상을 받지 못함에도 불구하고 95%의 참석자가 절벽에서 떨어지지 않으려 했다고 합니다. 이처럼 VR은 몰입도 측면에서의 강점이 있었으므로 상황판단검사와 좋은 조합이 될 수 있었습니다.

AI, IoT, VR 등 기술적 변화가 시급하다는 백 번의 강의보다 역량개발과정Development Center에 입과한 신임 임원들에게 VR 기기를 씌워주고 상황판단검사를 진행하게 했을 때, 변화에 대한 시급함을 전달하기가 더욱 수월했습니다. 전혀 다른 새로운 방식에 임원들은 신선함을 느끼고 변화가 실제로 일어나고 있음을 느낄 수 있었다는 많은 피드백이 있었습니다. 더불어, 개인별 상황판단검사에 결과는 역량개발과정Development Center의 목적상 개인 개발을 위해서만 활용했습니다. 검사 결과를 과정 마지막 날 피드백해줬으며 차기 CEO들이 응답하는 여러 응답 패턴을 설명해줌으로써 최고 임원진이 특정 상황에서 반응하는 생각과 행동 등에 대해서도

데이터로 보는 인사 이야기

간접적으로 학습할 수 있었습니다. 마지막으로 다양한 업군과 직무에서 종사하고 있는 임원들에게 다양한 기술을 적용하려는 시도를 HR에서 하고 있다는 점은 또 다른 자극이 되기도 했습니다.

미국의 대표적인 혁신기업으로 손꼽히는 에어비앤비는 전 세계적으로 500만 개의 숙소^{Home}가 등재되어 있으며, 350만 명의 호스트^{Host}를 보유하고 있습니다. 이미 대규모 기업이 되어버린 에어비앤비는 HR이라는 용어를 사용하지 않고 Employee Experience 라는 부서명을 활용하고 있습니다. 이 부서는 ▲Recruiting & Talent ▲Talent Design & Learning ▲Diversity & Belonging ▲ Total Reward ▲Workplace & Food ▲Ground Control 등 총 6개의 세부 기능으로 구분됩니다. 이렇게 다양한 기능은 에어비앤비의 4,300명의 직원들이 겪게 될 '경험^{Experience}'을 관리합니다. 단순히 제도를 만들고 임직원들에게 실행하는 것이 아니라 그들이 '느끼게 될' 경험을 고민하고 제공한다는 것입니다. 앞으로 한국 HR 역시 임직원에게 제공할 경험에 대해서 더욱 많은 시간과 노력을 투자해야 할 것입니다.

그렇다면 앞으로 우리 HR이 고민해야 할 것은 임직원 입장에서 공감하고 그들이 변화하기 위해서 필요한 경험이 무엇인가 우선 대답해야 할 질문일 것입니다.

People Analytics
한 걸음 더 들어가기

가설검정과
예측의 차이점

별Star은 다양한 맥락에서 여러 의미로 사용되지만 대부분 긍정적 의미를 담고 있습니다. 사회과학의 일부인 경영학과, 경영학에서 나온 여러 연구에 영향을 받은 HR부서에서도 별은 자주 등장하는 상징물입니다. 긍정적인 상징물 중 연구자들에게 더욱 반가운 별이 있다면 그것은 아마도 연구 및 데이터 분석 결과를 지지해주는 통계 패키지의 "별*"이 아닐까 싶습니다. 통계 패키지에서 "별"은 내가 주장하려고 하는 바가 통계적으로 받아들여질 수 있다는 척도이기 때문에 데이터 분석에서 의사결정 기준이 됩니다.

이러한 측면에서 "별"은 데이터 분석에서 반가운 신호입니다. 이를 철학적으로 들여다본다면 사회과학은 '가설-연역적Hypothetico-Deductive' 모형에 근거하기 때문입니다.

우리는 주변에서 벌어지는 현상을 관찰Observation하고, 이를 통해 특정한 현상에 대해서 가설Hypothesis을 세우고 이를 실험Experiment과 이론Theory 및 통계적 방법 등을 통해서 검증합니다. 이러한 단계가 바로 사회과학에서 이야기하는 가설검정 방법Hypothesis Testing입니다. 오랫동안 연구자 및 실무자들은 가설검정 방법을 통해서 여러 사회 현상 및 조직 내의 여러 가지 행동을 규명하고 현장에 효과적으로 적용해왔습니다. People Analytics는 관심도와 그 중요성에 비해서 아직 학계에서도 많이 연구되지 못하고 있습니다. 2020년 3월을 기준으로 출판물을 검색할 수 있는 Web of Science 사이트를 통해서 검색해보면 영문으로 출판된 People Analytics 관련 연구물은 91편에 불과합니다. 동일한 시점에 검색된 SHRM(전략적 인사관리) 주제 연구물이 4,451건인 점을 보면 숫자상으로 매우 적음을 알 수 있습니다.

검색된 91편의 논문에서 자주 연구되고 있는 키워드를 살펴보면 성과Performance에 대한 관심이 가장 높습니다. 성과는 현장에서 관심 있게 다뤄지는 주제인데 구글의 아리스토텔레스 프로젝트Project Aristotle가 대표적인 성과가 높은 팀의 특징을 밝힌 연구라고 할 수 있겠습니다. 당연하겠지만 HR부서에서도 기업 성과에 기여할 수 있는 개인과 팀에 관심이 높으며 이들을 어떻게 관리하고 개발할 수 있는지가 중요한 이슈입니다. 특히 채용에서는 미래에 일을 잘할 가능성이 높을 사람을 뽑는 것이 HR의 주요한 과제 중 하나입니다. 그런 이유로 선발Selection 과정에서 예측은 매우 중요한 관심사이고 많은 사회과학 연구와 실무에서도 다양한 분석이 진행되어 왔습니다. 대표적으로 Assessment CenterAC는 선발 장면에서 성과에 대한 예측 타당도가 높은 것으로 잘 알려져 있고 널리 활용되고 있습니다.

그러나 기존 연구를 살펴보면 AC가 얼마만큼 성과를 잘 예측하는지를 다소 잘못된 방법으로 분석된 사례가 있습니다. 즉, 미래 성과를 예측하기 위해서는 예측 모델Predictive Modeling을 활용해야 되는데(Shmueli, 2010), 몇몇 연구에서 가설검정을 통해 예측 타당도를 입증했다는 것입니다. 가설검정과 예측의 차이점을 명확하게 아는 것이 중요합니다. 이는 People Analytics를 다루는 연구자는 물론 현장에서도 마찬가지입니다. 왜냐하면 People Analytics의 많은 부분이 조직 내 중요한 의사결정에 활용되기 때문입니다. 특히 채용에 대한 의사결정은 사회적 파급력도 매우 크고, 조직내 영향력도 상대적으로 크다고 할 수 있습니다.

가설검정은 기존의 많은 사람에게서 받아들여지고 있는 '일반적인 믿음'을 귀무가설로 설정하고 연구자가 '주장'하고 싶어 하는 내용을 대립가설로 놓습니다. 그리고 귀무가설이 옳다는 가정 하에 p값*이 유의수준Significance Level보다 작을 때 대립가설을 채택합니다. 그러한 측면에서 연구자들은 본인의 주장이 통계적으로 채택되는지 유무를 p값, 즉, 별을 보고 판단합니다. 그러나 연구의 목적이 '예측'이라고 한다면 가설검정보다는 예측모델을 활용하는 것이 보다 적합합니다. 우선 가설검정을 위해서 많이 활용하는 방법이 회귀분석인데, 이는 연구자가 관심 있는 변수 간의 상관관계Association를 바탕으로 이론에 근거해서 변수 간의 상관관계를 설명하는 데 주요한 목적이 있습니다. 그러므로 변수 간의 관계가 방향성이 있는 인과관계Causal Relationship라고는 주장할 수 없습니다. 이러한 측면에서 미래에 일어날 것으로 기대되는 현상이나 특성을 현재의 특성(변수)들로 예측하려고 할 때는 인과관계가 성립해야 하므로 가설검정을 통해서 예측이라는 목적을 달성할 수는 없습니다.

예측Prediction은 통계모델이나 알고리즘을 적용해서 시점상으로 미래에 발생할 일이나 측정 가능한 변수의 값을 예측하는 방법을

---

* p값(p-value)은 귀무가설이 맞다는 전제 하에 표본에서 실제로 관측된 통계치와 같거나 더 극단적인 통계치가 관측될 확률이다.

의미합니다. 예측과 가설검정의 차이점을 살펴보면, 우선 이론을 기반으로 모델의 해석을 중시하는 가설검정과는 다르게 예측에서는 예측하고 싶어 하는 변수Y를 예측할 수 있는 변수들Xs과 최적의 함수 F를 중요하게 여깁니다. 다음으로 가설검정은 연구자가 가설을 설정하고 이를 검증하는 단계로 진행되는 반면, 예측은 가설이 없이도 실행이 가능하다는 차이점을 갖고 있습니다. 예측을 실무나 연구에서 진행하기 위해서는 Y의 예측값과 실제 값을 비교하여 예측력을 추산해야 하며, 교차 검증Cross-validation 방법이 유용하게 활용됩니다. 마지막으로 가설검정을 위해서 많이 활용하는 회귀분석은 표본의 크기n에 따라서 p값이 크게 영향을 받습니다. 특히, 설명하는 변수와 예측하려는 변수 간의 상관관계가 아주 낮아도 n이 커지면 둘 간의 관계에 유의성은 높아집니다.

선발 과정에서 고성과자를 예측하기 위해 많이 활용되는 AC 사례로 가설검정과 예측의 차이를 살펴보겠습니다. AC는 미래에 일을 잘할 것 같은 잠재력이 높은 관리자를 선발하는 데 주로 많이 활용되며, 다수의 회사에서 신입사원을 선발할 때에도 이용하고 있습니다. AC는 다수의 연구에서 미래 성과에 대한 예측 타당도가 통계적으로 유의한 수준을 가진 것으로 밝혀진 바 있습니다. 그러나 몇몇 연구에서는 AC의 예측력을 기존의 가설검정을 통해서 확인하고 그 결과를 제시했습니다. 고백하건대 필자 역시 AC

업무를 수행하는 초반에는 AC에서 측정되는 전반적인 평가 결과 Overall Rating와 성과의 관계를 가설검정을 통해서 입증했고 내부적으로 그 타당도를 보고한 바 있습니다. 그러나 통계 분야의 여러 전문가들과 교류하고 연구하면서 이러한 방법에 오류가 있음을 발견했으며 새로운 데이터로 예측 모델을 통해서 AC의 예측력을 확인한 바 있습니다. 예측을 위해서 활용한 데이터는 역할연기와 인바스켓, 연령, 학력 수준, 근무 기간 및 성과 결과였고, 역할연기와 인바스켓과 성과 결과는 측정 시점이 1년 차이가 있었습니다.

우선 예측을 위해서 활용 가능한 데이터를 투입하여 총 8개의 모델을 만들었고, 가장 예측력이 우수한 모델이 무엇인지도 함께 확인하고자 했습니다. 본 연구에서는 교차 검증을 이용해서 모델 8개를 평가했으며 방법은 무작위로 선택된 총 202명의 데이터 중 162명의 데이터로 모델의 모수Parameter를 추산하도록 모델을 훈련시켰고, 나머지 40명의 실제 성과 데이터와 예측값의 일치할 확률을 계산했습니다. 이러한 무작위 과정을 1,000번 반복해 일치할 확률의 평균을 구해 가장 평균이 높은 모델을 예측 모델로 선택했습니다. 데이터 분석 결과 역할연기와 인바스켓의 점수를 합한 전반적 평가 결과만을 가지고 성과를 예측할 수 있는 확률은 73% 가량이었으며, 나이나 학력 수준 등을 포함시켜도 예측력이 높아지지는 않았습니다. 이 결과는 기존의 가설검정에서 제시하는 AC

가 성과를 잘 예측할 수 있다는 결과와 맥을 같이하지만 방법론적으로 보다 적합하고, 구체적인 예측 확률을 제시해준다는 측면에서 본 예측 방법이 연구와 실무에서의 활용도가 더욱 높다고 할 수 있겠습니다.

또한, 분석에서 활용한 8개의 모델에서 AC 전반적인 평가 결과에 더해서 예측하려는 변수를 넣을수록 오히려 예측력이 떨어지는 과적합Overfitting 현상이 발생함을 확인했습니다. 다시 말해서 나이, 교육 수준, 성별 등의 인구통계학적 변수를 추가로 넣고 성과를 예측하려는 것보다는 AC 결과만으로 성과를 예측하는 것이 더욱 예측력이 높음을 보여준다는 것입니다. 지금까지 가설검정과 예측의 차이점을 AC 방법을 통해서 간단하게 살펴봤습니다. 이번 챕터에서 강조하려는 내용은 가설검정이 필요하지 않다는 것은 아니며 오히려 가설검정을 위한 연구자의 이론적-경험적 가설은 People Analytics 연구 및 활용에 매우 중요하다는 점입니다. 하지만 예측이라는 목적으로 데이터 분석을 하기 위해서는 그 파급력과 효과성을 감안했을 때 예측모델을 적용하는 것이 보다 적절함을 강조하려고 합니다.

이에 더해, 데이터의 양과 처리 속도가 빨라지는 상황에서 인간의 인지 능력을 통해서만 사회적 현상을 정의하고 가설을 세우려고 하기보다는 데이터를 통해서 새로운 이론적-가설적 인사이트를 뽑으려는 노력도 필요합니다. 그러므로 우리는 가설기반의 접근법과 데이터 기반의 접근법 사이의 균형을 맞춰야 할 것입니다.

데이터로 보는 인사 이야기

베이지안 통계의
이해

    사람은 불확실성이 높은 환경에서 경쟁 우위를 가져올 수 있는 중요한 조직의 자산이며 조직에서 이러한 자산을 조직의 전략과 잘 연계하여 역량을 향상시키고 지속해서 유지하는 것이 어려우면서도 매우 중요한 활동이라고 할 수 있습니다(Mohammed, 2019). 이렇게 중요한 자산과 관련된 역할을 수행하는 HR에서는 어떠한 구성원들을 채용할 것이며, 조직의 방향과 맞춰서 어떠한 역량을 개발시켜줄지 등의 의사결정 활동을 수행합니다. 조직에서의 의사결정은 조직의 프로세스 중에서 가장 중요한 활동

중 하나라고 할 수 있습니다(Griffin, & Moorland, 2011). People Analytics는 HR 분야에서 비교적 최근에 나온 활동으로서 HRM 전략과 활동에 관련된 주요한 의사결정을 내리는데 수치와 다양한 통계적 방법론을 활용하는 활동을 의미합니다. Business Analytics는 크게 기술적Descriptive, 예측적Predictive 그리고 최적화적Optimization 등의 세 가지로 구분될 수 있습니다(Watson, 2010; Narula, 2015). 기술적 분야는 가장 첫 번째 단계라고 할 수 있으며 조직 내의 다양한 변수 간의 관계를 살펴보는데 주요한 목적이 있다고 할 수 있습니다(Fitz-enz, & Mattox, 2014). 다음으로 예측적 분야는 과거의 데이터를 이용해서 미래에 발생 가능한 구성원들의 행동과 결과 등에 대해서 미리 예측하는데 주요한 목적이 있으며 대표적으로 데이터 마이닝Data Mining, 의사결정나무Decision Trees, 패턴 인식Pattern Recognition, 예측Forecasting, 인과 관계 분석Root-Cause-Analysis, 그리고 예측 모델링Predictive Modeling 등이 있습니다(Watson, 2010). 특히 예측 모델링은 채용과 선발 장면에서 퇴사를 예측하거나 성공적인 성과를 보일 구성원을 알아보고자 할 때 많이 활용됩니다. 세 번째로 최적화적 분야는 제한된 자원을 활용해서 최적의 결과를 내는 것에 그치지 않고 회귀 프로그래밍Linear Programming, 시뮬레이션Simulations, 통계모델링 등을 통해서 보다 높은 조직 효과성을 낼 수 있는 최상의 대안을 찾는 것을 목적으로 합니다(Narula,

데이터로 보는 인사 이야기

2015).

　세 가지 분야 중에서 HR 연구 및 현장에서 가장 관심을 갖고 있는 부분은 예측 목적에 있다고 할 수 있습니다. 구글^{Google}의 People Analytics 부문을 만들고 오랫동안 이끌어온 라즐르복^{Laszlo Bock}은 그의 책에서 구글은 선발 장면에서 지원자의 프로필에 최적화된 인터뷰 질문을 일련의 알고리즘을 써서 뽑아내서 면접에서 활용하고 있으며 어떠한 구성원들이 승진하지 못하고 4년 내에 그만둘 것인지를 예측하는 모델 등을 만들어서 성공적으로 활용하고 있다고 했으며, 성공적인 리더 특성을 도출한 바도 있습니다(Bock, 2015). Ballinger, Cross & Holtom(2016)은 조직 내에서의 자발적인 퇴사를 조직 네트워크 분석을 통해서 예측한 바 있고, Reddy & Lakshmikeerthi(2017) 역시 데이터를 통해서 조직 구성원들의 잠재력과 행동을 예측하는데 People Analytic가 주요한 기여를 할 수 있다고 주장한 바 있습니다. 예측 목적의 People Analytics에서는 통계적 데이터 분석, 모델링, 머신 러닝^{Machine Learning}, 데이터 마이닝과 인공지능^{Artificial Intelligence} 등을 활용하고 있습니다. 국내에서 머신 러닝을 포함한 인공 지능에 대한 관심은 2016년 이세돌과 알파고의 바둑 대국으로 인해서 폭발적으로 증가했습니다. 알파고는 인간의 뇌를 모방한 인공 신경망^{Neural Network}를 통해 수많은 데이터를 딥러닝 시켜서 솔루션을 도출하는 프로세스로 작동되는데 알파고는 전혀 경험해보지 못한 상황에서는 효과적인 의사 결정을 못 내린다는 한계를 가지고 있습니다. 그 이후 다양한 보완으로 인해서 기술적 발전이 일어났는데 대표적으로 데이터가 투입됨에 따라서 알고리즘이 진화하는 베이지안Bayesian 통계의 적용이 주요한 변화입니다(Korb, & Nicholson, 2003).

베이지안 통계는 베이즈정리를 기반으로 하는데 이는 주어진 데이터를 가지고 가정된 모수를 추론하여 미래를 예측하는 기존의 예측 방법론과 달리, 확률 분포를 사용하여 사전확률 분포와 주어진 정보를 바탕으로 사후확률분포를 추정하는 방식입니다(Downey, 2013). 베이지안 모델을 이용한 예측 연구는 주로 인공지능, 인지과학, 기계학습 등에서 주로 시스템 예측에 사용되어 왔으며, 사회과학 분야에서는 행동 및 수요 예측에 매우 제한적으로 사용되어 왔습니다(박경진·김태한, 2019). 주요한 이유 중 하나는 로널드 피셔Fisher가 고안한 빈도에 기반한 통계방법(빈도주의;frequentist)이 주요 방법으로 활용되었고, 특히 사전 확률과 같은 경험에 기반한 선험적 수치를 과학 분야에 활용하는 것이 기존의 연구자들에게 받아들여지지 못했기 때문입니다(McGrayne, 2011). 빈도주의에서 확률은 동일한 실험이 무한대로 반복되는 것을 상정하고 확률을 사건의 빈도로 정의합니다(이재용·이경재·이영선, 2014). 그러나 불확실성이 높은 경영 현장에서의 의사결정에 빈도주의는 여러 가지 한계점을 갖고 있습니다. 대표적으로 빈도주의는 종 모양의 정규 분포를 가정하는데 이는 변동성이 큰 분야는 설명하지 못하고, 빈도주의에서는 표본집단 설정을 전제로 하는데 실제로 여러 실용 분야에서는 그 분포가 대부분 임의적인 반면, 베이지안 통계는 이러한 전제에 제한받지 않고 불확실한 상황 속에 여러 의사결정에 주로 활용될 수 있습니다 (McGrayne, 2011). 그러므로 머신 러닝, 인공 지능 등을 활용해서 불확실한 상황에서 구성원들에 대한 주요한 의사결정에 활용되는 연구와 실무에서 베이지안 통계에 대한 이해와 활용은 중요하다고 할 수 있습니다.

우선 베이지안 통계를 이해하기 위해서는 빈도주의 통계와의 차이점에 대해서 이해해야 합니다. 조직 내에서 특정 문제를 해결하거나 의사결정을 내려야 할 때 관련 데이터가 없다면 여러 연구자들의 지식과 경험 등을 활용하는 것은 자연스러운 일입니다. 문제를 해결하거나 의사결정을 내리는 과정에서 연구자의 사전 지식과 경험이 축적되는 데이터와 합쳐져서 조직에서 활용되는 것역시 일반적인 과정입니다. 인사조직을 포함한 사회과학 및 여러 과학 분야에서 통계는 이러한 과정을 돕기 위해 활용됩니다. 통계학에는 두 가지 철학이 있는데 하나는 베이지안Bayesian이고 다른 하나는 빈도주의Frequentist입니다. 둘 중 어느 철학을 받아들였는지는 어느 학교에서 통계를 접했는지에 따라 대부분 결정됩니다(Bland, & Altman, 1998). 많은 분야에서 빈도주의 통계가 베이지안에 비해서 훨씬 많이 활용되는 이유는 베이지안 통계가 계산법이 상대적으로 복잡해서 많은 학교에서 빈도주의를 활용했기 때문으로도 추론해볼 수 있습니다. 하지만 최근에는 컴퓨터 속도가 빨라지고 베이지안 방법론으로 데이터를 분석할 수 있는 소프트웨어가 늘어나면서 사회과학뿐만 아니라 데이터 분석과 전반 분야에서 베이지안 통계의 활용이 점점 늘어나고 있는 추세입니다(Kruschke, 2011).

베이지안을 통한 데이터 분석은 세 부분으로 구성되어 있습니다. 첫째, 데이터를 모으기 전 연구자의 사전 지식이 있습니다. 사전 정보Prior Information를 확률 모델을 통해 표현할 수 있고 이를 사전 분포Prior Distribution라고 합니다. 두 번째 부분이 데이터에 담겨 있는 정보입니다. 연구자가 모은 데이터를 다시 목격할 가능성을 우도함수Likelihood Function라는 모델을 통해서 표현합니다. 셋째, 데이터를 확인한 후 연구자의 업데이트된 사후 지식입니다. 이 사후 정보Posterior Information도 확률 모델로 표현되는데 이를 사후 분포Posterior Distribution라고 하며 이는 사전 분포와 우도 함수가 합쳐져서 생성됩니다. 이 모든 과정은 베이즈 이론Bayes' Theorem을 통해 성립

데이터로 보는 인사 이야기

됩니다(van de Schoot et al., 2014).

베이지안 분석에서 논쟁의 여지가 있는 부분이 바로 사전 분포입니다. 데이터를 통해서 얻을 수 있는 정보량에 비해서 연구자의 사전 지식이 강할 경우 사후 분포가 사전 분포에 많은 영향을 받을 수 있기 때문에 이런 경우 주의가 필요합니다. 그러나 연구자의 사전 지식은 사후 분포의 불확실성을 줄이는 데 큰 도움이 됩니다. 연구자들이 분명하게 서로 다른 사전 지식을 갖고 있다고 해도 이를 절충해 갈 수 있는 베이지안 이론을 통해 제시 가능합니다(Clemen, 1989). 사전 분포를 정할 때 의미 없는 사전정보 Noninformative Prior를 사용하는 경우가 있는데 연구자가 정말 아무런 사전 지식 없이 연구를 시작하는 일은 극히 드뭅니다. 사실 "의미 없는 사전 정보"란 있을 수 없으며 모든 사전 정보는 의미를 담고 있습니다(Christensen et al., 2010).

여러 연구자가 같은 데이터를 확인했음에도 불구하고 다른 사전 지식으로 인해서 다른 사후 분포를 얻는다는 점은 베이지안 통계의 특징 중 하나입니다. 데이터양이 많아질수록 의견이 한 곳으로 향한다는 점 역시 베이지안의 특성입니다. 반면에 빈도주의 통계에서는 사전 분포가 존재하지 않으며 연구자는 우도함수에만 의존하여 데이터를 분석하고 결론에 도달하게 됩니다. 특히 빈도주의 가설검정에서는 "귀무가설이 진실일 때 연구자가 모은 데이터 또는 그보다 더 강하게 귀무가설에 반하는 데이터를 목격할 확률(p값)"을 통해서 결론에 도달하는데 p값에만 의존하는 연구 방식은 최근 들어 더욱더 연구자들이 활용하고 있지 않은 추세입니다(Amrhein, Greenland, & Mcshane, 2019). 더불어, 베이지안과 빈도주의의 가장 중요한 차이는 확률에 대한 해석일 것입니다. 빈도주의에서 확률의 정의는 같은 과정을 무한대로 반복한다는 가정하에 내려집니다. 그러나 연구자가 같은 연구 주제로 모집단에서 표본집단을 통해서 모수를 추산하고 p값을 계산하는 과정은 단 한 번에 불과할 것입니다. 그러므로 빈도주의 확률에 대한 해석을 데이터 분석 결과에 바로 활용하기에는 무리가 있거나 추상적일 수 있습니다.

이러한 베이지안 분석을 이용해서 필자들은 퇴임하는 리더의 특성을 분석했습니다. 구글은 옥시전 프로젝트Project Oxygen을 통해서 성공하는 리더의 특성을 데이터로 규명하고 조직 내에 공유함으로써 데이터를 통한 의사결정의 중요성을 조직 대내외에 알린 바 있습니다(Bock, 2015). 그러나 국내에서는 임원급 리더를 대상으로 한 성공 혹은 실패하는 리더에 대한 분석이 진행된 경우가 거의 없기 때문에 필자들은 퇴임 리더들이 공통으로 갖고 있는 특성을 추출하고자 했습니다. 국내 기업 P사는 제조업과 IT 기반의 회사로 국내 임직원이 8천 명에 이릅니다. P사는 임원급을 대상으로 평가센터Assessment Center를 실시하고 평가 결과를 승진 참고용으로 활용합니다. P사가 활용하는 역량은 사람관리, 사업관리 그리고 성과관리 영역으로 각각 3가지의 하위 역량으로 구성되어 있습니다. 각 역량은 외부 평가 전문가 2명이 측정하며, 5점 척도로 각각 산출되고 최종적으로는 평균점수로 결과가 도출됩니다. 이러한 평가센터 결과를 바탕으로 임원 인사 결과에서의 퇴임 여부를 설명할 수 있는지를 살펴보고자 했습니다. 즉, 임원 인사 결과는 승진/유임/퇴임 세 가지로 구분할 수 있으며, 총원 77명 임원 중 7명의 퇴임을 어떠한 데이터가 가장 잘 설명할 수 있는지를 살펴보고자 했습니다.

우선 분석을 위해서 4개의 모델을 만들었는데, 성과관리, 사업관리, 사람관리 및 성과관리+사업관리+사업관리가 각각 포함되었는데 각각의 역량 하나가 퇴임을 잘 설명하는지 아니면 세 가지 역량 모두를 쓰는 것이 더욱 효과적인지를 살펴봤습니다. 그리고 각각 모델에서 취할 수 있는 사전 정보Informative Prior를 설정하고 사전 정보가 사후 분석에 영향을 많이 줄 수 있어서 민간성 분석Prior Sensitivity을 실시하여 사전 정보가 사후 분석에 얼마나 영향을 주는지를 살펴봤습니다. 데이터 분석 결과 성과관리, 사업관리 및 사람관리가 각각 퇴임률을 잘 설명해주고 있었지만 오히려 3개의 역량이 모두 포함된 모델은 퇴임률을 설명하는데 연관성이 부족했습니다. 그리고 세 가지 역량 중 사람관리 역량이 1.48 보다 낮은 임원은 99% 이상의 확률로 퇴임을 설명하고 있음을 밝혀냈습니다. 즉, 평가센터에 참여했던 임원 중 사람관리 역량이 일정 부분 이하로 남은 임원들은 퇴임할 확률이 상당히 높다는 것입니다.

지금까지 살펴본 바와 같이 베이지안 통계는 기존의 빈도주의에 근거한 통계와는 다른 방식의 철학을 가지고 있습니다. 더불어, 기존의 빈도주의에서는 나온 결과가 확률로 설명하기는 어려움이 있었지만, 베이지안에서는 명확한 확률값을 제시해주므로 보다 객관적인 결정을 하는 데 도움을 줄 수 있는 것입니다. 그리고 만약 조직 내에서 축적되어 있는 데이터의 양이 적고 불확실성이 높다면 베이지안이 가진 강점 중 하나인 기존 정보와 경험을 바탕으로 사전 정보로 활용할 수 있다는 점이 최근의 경영환경과도 베이지안 활용이 맥을 같이할 수 있다는 점입니다. 이러한 활용에 따라서 최근에는 베이지안 네트워크, Naive 베이즈, 토픽 모델링 등이 다양하게 분석에서 응용되고 있습니다.

지금까지 다룬 베이지안 통계는 HR분야에서는 거의 활용된 적이 없지만, 의료 등의 다양한 분야에서는 폭넓게 활용되고 오고 있습니다. 더불어, 그 활용과 유용성이 매우 높기 때문에 앞으로 사회과학 분야에서도 더욱 활용될 수 있을 것으로 기대되고 있는

데이터로 보는 인사 이야기

상황입니다. 그러므로 People Analytics가 한 발 더 나가기 위해서는 독자분들 역시 더욱 더 관심을 갖고 공부하셨으면 하는 바람으로 마무리합니다.

People Analytics
시작하기

People Analytics
국내 현황

People Analytics에 대한 관심은 국내외에서 매우 높은 상황입니다. 특히 Digital Transformation에 대한 관심이 증가하면서 더욱 많은 회사들에서 기술을 이용한 HR 변화 활동에 관심을 쏟고 있고 그중에서 People Analytics가 가장 높은 관심을 받고 있습니다. 실질적으로 국내의 HR 전문가들이 갖고 있는 People Analytics에 대한 인식 등을 파악하기 위해서 2019년 말에 국내 HR 담당자 550명을 대상으로 설문을 진행했습니다. 설문은 이메일을 통해서 진행되었으며 유효 응답률은 32%로 총 176명이 응답했습니다. 기업 규모별로는 대기업이 25%, 중소기업이 26%, 중견기업이 19% 및 벤처기업이 18% 그리고 외국계 기업 등이 12% 등으로 구성되어 있었습니다. 산업군별로는 IT 및 게임이 28%, 제조 및 건설이 24%, 서비스 22% 등을 보이고 있었습니다.

우선 "People Analytics를 도입하고 있나요?"라는 질문에 85%가 도입하고 있지 않다고 응답했으며 12%가 "도입했다", 그리고 3%가 "모른다"로 응답했습니다. 기업 규모별로 본다면 대기업군과 외국계가 각 22%로 가장 높은 비율을 보이고 있었습니다. 이는 2019년 SHRM에서 제시했던 미국 기업의 도입률이 22%라는 점을 봤을 때 비슷한 수치로 볼 수 있을 것입니다. 다음으로 HR에서도 People Analytics를 도입하는 분야를 알아봤을 때, 채용이 28%, 조직 효과성 분석이 16%, 그리고 인력 계획 및 성과관리가 각각 12% 정도를 보이고 있었습니다. 이러한 결과는 2019 딜로이트 보고서에서 밝힌 60% 이상이 채용 분야에서 활용되고 있다는 해외와는 다른 구성비를 보인다고 할 수 있겠습니다.

다음으로 People Analytics를 도입하는데 가장 큰 장애물이 무엇인지를 물어본 질문에 23%가 'People Analytics의 전문가 부재'를 뽑았으며, 21%가 '분석 데이터의 부족', 그리고 19% 가까이가 '경영진의 관심 부족'을 이유로 제시했습니다. 그리고 조직 내에서 가장 필요로 하는 People Analytics 도입 분야가 어딘지를 물어

데이터로 보는 인사 이야기

봤을 때는 '성과 관리'가 24%, 채용이 '22%, '조직 효과성 분석'이 19% 정도로 비율을 차지하고 있었습니다. 이는 현재 채용에 가장 높은 활용을 하고 있지만, 여건이 된다면 향후에는 성과 관리 측면에서 많이 People Analytics가 활용될 수 있음을 암시하는 결과라고 볼 수 있겠습니다.

마지막으로 개인 및 조직 차원에서 People Analytics를 실행하기 위해서 가장 필요한 부분이 무엇인지를 물어봤으며 그 결과, "데이터 분석 역량"이 35%, "HR 전문성"이 25%로 뒤를 따랐으며 "HR 시스템"이 19%와 "소통 능력"이 10%를 차지했습니다. 이처럼 People Analytics의 특성상 통계 및 데이터 분석 역량에 대한 필요성을 가장 높게 인지하고 있었으며 다음으로는 HR 분야에 대한 전문성 역시 중요하다고 응답했습니다. 그렇다면 구체적으로 필자들이 People Analytics 관련 프로젝트와 학문적 작업을 진행할 때 가장 필요하다고 느끼는 역량이 무엇인지 다음과 같이 정리해봤습니다.

People Analytics에서 활용하는 분석 방법은 증명하고자 하는 연구 질문에 따라 집단에 대한 정의, 분석 방법의 활용 등이 다릅니다. 그렇다면 HRer들이 People Analytics를 수행하기 위해서는 어떠한 역량을 갖춰야 할까요?

사람에 대한 이해 우선 사람에 대한 기본적인 이해가 가장 중요합니다. 우리가 관심이 있는 문제는 먼저 사람을 대상으로 합니다. 그렇다면 결국 데이터가 사람의 속성을 잘 설명할 수 있어야 합니다. 가령, 성격Personality에 대한 기본적인 이해 없이 무조건 데이터로 이를 활용해서 분석한다면 이는 People Analytics를 단순히 통계적인 분석 영역으로 치부해버리는 행위일 것입니다. "입사후 3년 내 퇴사하는 인력들은 어떠한 성격을 갖고 있을까?"라는 질문이 있다고 하면, 먼저 이들의 갖고 있는 성격을 어떠한 프레임으로 측정하고 정의 내릴지가 중요하며, 결과치로 분석되어 나온 데이터를 어떻게 계량화해서 분석에 이용할지도 중요한 질문입니다. 그러므로 People Analytics를 수행하기 위해서는 사람에 대한 기본적인 이해, 해당 분야에 대한 지식Domain Knowledge이 필요합니다.

사회 과학적 사고력 사회 과학적 사고력은 쉽게 말하면, 다양한 변인들이 어떤 관련이 있는지 고민을 할 수 있는 능력입니다. 가령, CCLCenter for Creative Leadership은 리더가 갖춰야 할 특징 중, 학습 능력을 강조하고 있습니다. 이들은 탁월한 리더가 되기 위해서는 지속적이고 빠르게 학습할 수 있는 태도가 필수라고 본 것입니다. 그렇다면 '학습 능력 → 탁월한 리더'라는 관계성이 성립해야 할

데이터로 보는 인사 이야기

것입니다.

이러한 관계성은 데이터를 통해서도 들여다볼 수도 있지만 결국 평소에 사람들이 갖고 있는 특징들이 조직 내 이슈와 어떻게 관련이 되는지 고민해보려는 '가설적 사고'에서 길러질 수 있는 능력입니다. 더불어, 대학원에서 훈련을 받는 '연구 질문Research Question'을 만들어낼 수 있는 능력은 다양한 변인 간의 관계성을 고민해볼 수 있는 공식적인 훈련이기도 합니다.

통계적인 분석 방법 사실 People Analytics가 최근과 같이 각광을 받는 가장 큰 이유는 다양한 데이터를 분석할 수 있는 통계적 분석 방법의 발전과도 맥을 같이 합니다. 기존에는 제한이 있던 분석 방법 등이 최근에는 머신 러닝 등을 통해서 훨씬 높은 수준으로 분석이 가능해졌기 때문입니다. 하지만 이러한 기술의 발전은 HRer들에게 동시에 People Analytics를 실행하기 위한 가장 큰 걸림돌이기도 합니다. R이나 파이썬을 써서 코드를 짜야 하고, 현란한 통계 기법이 들어가야 People Analytics를 쓸 수 있다고 믿기 때문입니다.

그러나 현실적으로 우리가 조직 내에서 풀고자 하는 여러 질문과 문제들은 기본적인 통계 분석 방법을 통해서도 분석 가능합니다. 앞서 소개한 한센 교수의 《아웃퍼포머》 책에서도 5,000명의 리더가 갖는 특징을 회귀분석^Regression을 통해서 대부분 증명한 바 있으며 문제에 따라서는 조금 더 고난이도인 구조방정식^Structural Equation Modeling:SEM을 통해서 분석한 바 있습니다. 그러므로 People Analytics의 시작 단계에 있다면 너무 두려움을 갖지 말고 우리에게 익숙한 분석 도구(Jamovi, SPSS 등)을 이용해서 쉬운 분석부터 해보는 것이 어떨까요?

스토리텔링 능력 사실 가장 어려운 영역이기도 합니다. 왜냐하면 통계 분석 등은 정해진 틀과 프로세스가 있습니다. 하지만 통계 분석을 통해서 나온 결과를 리더와 동료들에게 설명하기 위해서는 딱 정해진 방식이 있는 것이 아닙니다. 가령, 우수한 성과를 보이는 리더들이 보이는 성격 특질을 분석해서 '개방성^Openness to Experience'이 도출됐다고 합시다. 이를 Jamovi라는 통계 패키지로 회귀를 통해서 분석했다면 관계의 유의성이 p-value로 판단 가능할 것입니다. 그렇다면 이 관계의 유의성을 리더나 동료들에게 베타값과 p-value로 설명할 것인가요? 희망컨대 많은 리더와 동료들이 이에 대해서 익숙하다면 소통이 가능하겠지만 의사결정을 하는 많은 리더에게 저런 표현은 '외계어'와 같습니다. 그러므로

데이터로 보는 인사 이야기

그들이 이해할 수 있는 방식으로 표현해줘야 합니다.

대표적으로 활용할 수 있는 방식이 엑셀의 파워 BI나 태블로 Tableau를 통한 시각화입니다. 이러한 도구들은 풀고자 하는 문제에 대해서 직관적으로 이해할 수 있는 시각화 자료를 제공해줍니다. 더불어, 연구 질문에 대한 충분한 설명과 이에 대한 관계성은 조직 내에서 통용되는 용어와 맥락 등을 잘 녹여내는 스토리가 필수입니다.

'탁월한 리더는 어떠한 특징을 가지고 있는가?'에 대한 고민으로 진행했던 연구에서 결국 조직 내에서 상사와 동료들에게 탁월함을 인정받는 리더들은 사람과 관련된 역량에서 일반적인 리더에 비해서 차이 나는 부분을 갖고 있었습니다. 이는 우리에게 '탁월한 리더는 어떻게 만들어지는가?'에 대한 고민을 일정 부분 해결해줄 수 있을 것입니다. 즉, 다양성에 대해서 포용할 수 있고, 코칭과 위임을 통해서 직원 육성에 관심을 두는 리더로 우리 조직의 리더를 육성할 수 있다면 높은 확률로 조직 내에서 인정도 받고 성과를 높여줄 수 있는 탁월한 리더가 될 수 있을 것입니다. 지금까지 분석해서 제시한 '탁월한 리더는 누구인가?' 그리고 '어떻게 육성해야 하는가' 모두 우리 HR에서 고민해야 할 이슈입니다. 시대적으로 이러한 고민을 데이터를 통해서 입증하고 해결해야 할 상황입니다.

그렇다면 우리는 어떠한 영역에서 스스로 성장해야 할 것인가, 사람에 대한 이해, 사회과학적 사고력, 통계적 분석력 및 스토리텔링 등을 통해서 People Analytics에 대한 역량을 키운다면 여러 문제를 해결할 수 있을 것입니다.

데이터로 보는 인사 이야기

R로 함께하는
데이터 이야기

People Analytics는 통계학^{Statistics}에 기반을 두고 있습니다. 통계학에서 통계^{Statistic}란 데이터^{Data}를 수치로 요약한다는 의미입니다. 제^{Steven}게는 여덟 살 아들과 다섯 살 딸이 있습니다. 두 어린이가 가위 바위 보를 네 번 했는데, 비겨 보지도 못하고 네 번 모두 진 딸은 오빠를 원망하며 눈물을 보입니다. 눈물이 무엇을 의미하는지 딸의 마음을 공감할 수는 있지만, 눈물은 숫자가 아니기에 통계라고 할 수 없습니다. 통계의 정의에 따르면 아들의 한 마디 "네 번 다 이겼다"에서 넷(4)이 통계입니다. 아들은 무엇을 내서 이겼다고 아빠에게 보고하지 않았습니다. 이렇듯 불필요한 정보는 제거하고 필요한 통계만 말하려는 본능과 능력은 여덟 살 어린이도 가지고 있습니다. 이 어린이가 성인이 되어서 어느 조직에서 일할 때에도 중요한 능력이 되겠지요.

그렇다면 이 결과(4전승)는 우연일까요? 이 질문에 답을 하기 위해서는 가설검정^{Hypothesis Testing}이 필요합니다. 가설검정에서 결론을 내리기 전까지 진실이라고 가정되는 가설을 귀무가설^{Null Hypothesis}이라고 합니다. 그리고 가설검정을 통하여 증명하려는 가설을 대립가설^{Alternative Hypothesis}이라고 합니다. '우연이다'를 귀무가설로 하고, '오빠가 동생보다 가위 바위 보를 더 잘한다'를 대립가설이라고 합시다. 귀무가설이 진실이라면, 이기고, 지고, 비기는 세 경우 중에서 이기는 확률은 1/3입니다. 그리고 네 번의 대결이 독립적Independent(서로 영향을 받지 않는다)이라면, 이 결과(4전승)를 또다시 얻을 확률은 $p = (1/3)^4 = 0.0123$입니다. 본 확률을 p값이라고 하고 p = 0.0123은 대립가설로 결론이 기우는데 중요한 역할을 하는 통계입니다.

p값은 일반적으로 귀무가설이 진실일 때, 현재의 데이터 또는 귀무가설을 더 강하게 지지할 수 있는 데이터를 얻을 확률이라고 정의할 수 있습니다.

일반적으로 p값이 작을수록 귀무가설에 반하여 대립가설을 강하게 지지한다는 의미입니다. 학생들이 자주 하는 질문 중 하나는 'p값이 얼마나 작아야 귀무가설을 기각하고 대립가설로 결론을 지을 수 있나요?'입니다. 정말 좋은 질문입니다. 많은 논문들을 읽어보면 $\alpha = 0.05$를 기준으로 삼아 $p < 0.05$일 때 귀무가설을 기각하고 대립가설을 받아들입니다. 그러면 학생들은 다시 '왜 하필이면 $\alpha = 0.05$인가요?'하고 질문합니다. 이 또한 좋은 질문입니다. 임의로 설정된 0.05라는 숫자에 얽매이기 보다는 α의 해

석이 더 중요합니다. 귀무가설이 진실일 때, 귀무가설을 기각하는 실수가 Type I Error이며, a는 연구자가 허용하는 Type I Error의 확률입니다. 가설검정을 시작하기 전에 정해진 a의 값을 유의수준 Significance Level이라고 합니다. (p값을 보고 유의수준 a를 정하는 것은 허용될 수 없는 순서입니다) 일반적으로 p값은 통계적인 유의미를 따지는 데 도움이 되지만 단위가 없는 확률입니다. 따라서 연구의 맥락Context으로 해석하기에는 까다로운 숫자입니다. 근래에 p값에만 의존하여 통계의 유의미를 보고하는 형식은 점점 줄어들고 있습니다.

이 책에서 앞으로 소개될 데이터 이야기에서도 필자는 p $\langle$ a 또는 p $\rangle$ a를 군이 따지지 않겠습니다. People Analytics에서 데이터 분석의 목적은 중요한 의사 결정을 하거나 조직원들에 대하여 정확하게 이해하기 위함일 것입니다. 따라서 데이터 분석 결과에 대한 해석과 동료들과의 토론이 중요합니다. p값보다 중요한 통계들이 많이 있습니다. 또 성의껏 그린 그래프 하나가 천단어보다 더 효과적일 수 있습니다.

지금부터 People Analytics에서 있을 수 있는 비슷한 사례들을 R이라는 통계 소프트웨어Statistical Software를 통해서 분석해보려 합니다. R은 무료로 다운로드가 가능하며, 대부분의 예시는 R 패키지에 내장되어 있는 데이터를 활용했습니다.[*]

아래에 두가지 QR코드가 있는데요. 하나는 R설치를 위한 QR코드이고, 다른 하나는 책에 나온 실습에 사용되는 데이터를 다운받기 위한 QR코드 입니다. 아직 컴퓨터에 R을 설치[Install]하신 적이 없으시다면, 아래의 설치 QR코드를 따라가 보세요. 기본적인 R로도 대부분의 분석은 가능합니다. 기본적으로 R에 포함되지 않은 기능들을 사용할 때에는 필요한 패키지[Package]를 설치[Install]해야 합니다. 예를 들면 mosaicData 라는 패키지를 설치하려면 다음과 같은 명령어가 필요합니다.

◀ R설치를 위한
QR코드

◀ 실습에 사용되는
데이터 QR코드

```
> install.packages("mosaicData")↵
```

그러면 Secure CRAN Mirrors라는 창이 뜨는데 한국 또는 가까운 곳

---

[*] https://vincentarelbundock.github.io/Rdatasets/datasets.html

을 선택하시면 설치가 됩니다.

```
> install.packages("mosaicData")

Installing package into 'C:/Users/steve/Documents/R/win-library/4.0'
(as 'lib' is unspecified)
--- Please select a CRAN mirror for use in this session ---
trying URL 'https://cran.seoul.go.kr/bin/windows/contrib/4.0/mosaicData_0.20.2.zip'
Content type 'application/zip' length 1648711 bytes (1.6 MB)
downloaded 1.6 MB

package 'mosaicData' successfully unpacked and MD5 sums checked

The downloaded binary packages are in
        C:\Users\steve\AppData\Local\Temp\RtmpAb6BLA\downloaded_packages
```

설치 후에는 설치된 패키지를 불러와야 합니다(require).

```
> require(mosaicData)
Loading required package: mosaicData
Warning message:
package 'mosaicData' was built under R version 4.0.5
```

저자가 현재 사용하고 있는 R Version이 최신이 아니라 위의 경고 메

세지가 나왔지만, 패키지를 사용하는 데에는 문제가 없습니다. 참고

로 R을 열 때마다 사용하실 패키지를 불러야 합니다. 사용하실 패키

지 설치는 한 번만 하시면 됩니다.

액셀에 데이터를 입력할 때에는 xlsx파일을 csv로 파일로 바꾸는 것

을 권장합니다. 1996–97년 미국의 최고 농구 조직(팀)이었던 시카고

불스 조직원(선수)들의 명단을 한 번 봅시다.

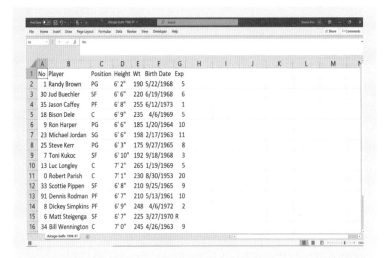

모든 데이터는 행과 열로 이루어져 있습니다. 첫 번째 행은 변수들의

이름이고, 두 번째 행부터 개인 정보를 담고 있습니다. 그리고 각 열

은 변수^{Variable}를 의미합니다. 이 데이터는 저자의 컴퓨터 C:/Data폴

더에 chicago-bulls-1996-97.csv*라는 이름으로 저장되어 있고,

다음과 같이 R에서 읽어낼 수 있습니다.

```
> bulls = read.csv( "C:/Data/chicago-bulls-1996-97.csv" )
> bulls
    No        Player Position Height  Wt Birth.Date Exp
1    1   Randy Brown       PG   6' 2" 190  5/22/1968   5
2   30   Jud Buechler       SF   6' 6" 220  6/19/1968   6
3   35  Jason Caffey       PF   6' 8" 255  6/12/1973   1
4   18    Bison Dele        C   6' 9" 235   4/6/1969   5
5    9   Ron Harper       PG   6' 6" 185  1/20/1964  10
6   23 Michael Jordan      SG   6' 6" 198  2/17/1963  11
7   25    Steve Kerr       PG   6' 3" 175  9/27/1965   8
8    7    Toni Kukoc       SF  6' 10" 192  9/18/1968   3
9   13   Luc Longley        C   7' 2" 265  1/19/1969   5
10   0 Robert Parish        C   7' 1" 230  8/30/1953  20
```

---

* 194p 실습 데이터 QR코드 참고 https://url.kr/binx5f

데이터로 보는 인사 이야기

```
11 33  Scottie Pippen      SF  6' 8" 210  9/25/1965   9
12 91   Dennis Rodman      PF  6' 7" 210  5/13/1961  10
13  8 Dickey Simpkins      PF  6' 9" 248   4/6/1972   2
14  6  Matt Steigenga      SF  6' 7" 225  3/27/1970   R
15 34 Bill Wennington       C  7' 0" 245  4/26/1963   9

> dim(bulls)
[1] 15  7
```

읽어낸 데이터에 bulls라는 임의의 이름을 주었고, dim을 통해서 bulls는 15행(15명의 선수)과 7열(7개의 변수)로 이루어져 있다는 것을 알 수 있습니다. 각 열은 숫자형 변수Numeric Variable 또는 범주형 변수Categorical Variable입니다. 숫자형 변수는 말 그대로 숫자로 이루어져야 하는 동시에 데이터 분석자에게 의미있는 순서를 가지고 있어야 합니다.

첫 번째 변수인 No는 숫자로 되어 있지만 유니폼 등번호의 순서가 의미가 있을까요? 의미가 있다면 숫자형 변수로 취급하고, 아니라면 범주형 변수로 취급하시면 됩니다. 두 번째 변수인 Player는 범주형 변수라고 할 수 있겠으나, 선수들의 이름일 뿐입니다. 따라서 No와 Player는 개인을 구분하는 용도Identifier로 쓰시면 되고, 따로 분석할 필요는 없습니다.

세 번째 변수는 Position인데 범주형 변수입니다. (농구 조직에는 다섯 개의 포지션이 있다는 사실을 아시나요?) 당시의 시카고 불스 선수들의 포지션 분포를 다음과 같이 정리할 수 있습니다.

```
> table(bulls$Position)

 C PF PG SF SG
 4  3  3  4  1

> barplot( table(bulls$Position) )
```

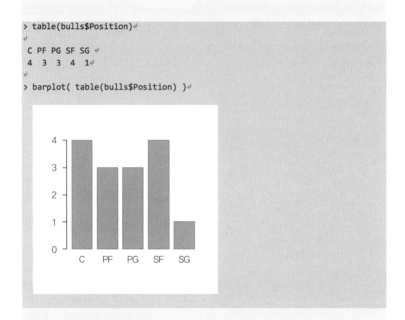

슈팅가드(SG)는 마이클 조던Michael Jordan 단 한 명이었을 뿐이고, 센터(C)가 네 명이나 있었군요.

네 번째 변수 Height는 키를 의미합니다. 미국에서는 센티미터Centimeters가 아닌 피트Feet(1 foot은 남자 어른의 신발 크기 정도)와 인치Inches(1 foot = 12 inches)의 단위를 씁니다. 예를 들면, 마이클 조던의 키 6' 6"은 6피트 6인치를 의미하고, 이는 6 × 12 + 6 = 78 인치입니다. 그리고 1인치는 2.54센티미터이니 마이클 조던의 키는 78 × 2.54 = 198.12센티미터입니다. 그럼 Height 열의 평균을 계산해 봅시다.

```
> mean(bulls$Height)
[1] NA
Warning message:
In mean.default(bulls$Height) :
  argument is not numeric or logical: returning NA
```

R은 사용자를 위해서 단위 환산을 해주지 않습니다. 그리고 피트(˝)

와 인치(ˊ)의 기호로 인하여 Height는 범주형 변수로 취급됩니다. 따

라서 숫자형 변수에 적용되는 평균을 계산할 수 없습니다. 피트와 인

치의 Height를 센티미터로 변형하는 과정은 다음과 같습니다.

```
> temp = gsub("[[:punct:]]", "", bulls$Height) ### step 1
> temp
 [1] "6 2"  "6 6"  "6 8"  "6 9"  "6 6"  "6 6"  "6 3"  "6 10" "7 2"  "7 1"
[11] "6 8"  "6 7"  "6 9"  "6 7"  "7 0"

> temp.ft = substr( temp, 1, 1 ) ### step 2
> temp.ft
 [1] "6" "6" "6" "6" "6" "6" "6" "6" "7" "7" "6" "6" "6" "6" "7"

> temp.in = substr( temp, 3, 4 ) ### step 3
> temp.in
 [1] "2"  "6"  "8"  "9"  "6"  "6"  "3"  "10" "2"  "1"  "8"  "7"  "9"  "7"  "0"

> feet = as.numeric(temp.ft) ### step 4
> feet
 [1] 6 6 6 6 6 6 6 6 7 7 6 6 6 6 7

> inches = as.numeric(temp.in) ### step 5
> inches
 [1] 2 6 8 9 6 6 3 10 2 1 8 7 9 7 0

> bulls$Height.in = feet * 12 + inches ### step 6
> bulls$Height.cm = bulls$Height.in * 2.54 bulls
  No      Player Position Height  Wt Birth.Date Exp Height.in Height.cm
1  1 Randy Brown       PG   6' 2" 190  5/22/1968   5        74    187.96
2 30 Jud Buechler      SF   6' 6" 220  6/19/1968   6        78    198.12
3 35 Jason Caffey      PF   6' 8" 255  6/12/1973   1        80    203.20
```

```
4  18     Bison Dele       C   6' 9" 235   4/6/1969    5      81   205.74
5   9     Ron Harper       PG  6' 6" 185  1/20/1964   10      78   198.12
6  23  Michael Jordan      SG  6' 6" 198  2/17/1963   11      78   198.12
7  25     Steve Kerr       PG  6' 3" 175  9/27/1965    8      75   190.50
8   7     Toni Kukoc       SF 6' 10" 192  9/18/1968    3      82   208.28
9  13     Luc Longley      C   7' 2" 265  1/19/1969    5      86   218.44
10  0   Robert Parish      C   7' 1" 230  8/30/1953   20      85   215.90
11 33  Scottie Pippen      SF  6' 8" 210  9/25/1965    9      80   203.20
12 91  Dennis Rodman       PF  6' 7" 210  5/13/1961   10      79   200.66
13  8  Dickey Simpkins     PF  6' 9" 248   4/6/1972    2      81   205.74
14  6  Matt Steigenga      SF  6' 7" 225  3/27/1970    R      79   200.66
15 34  Bill Wennington     C   7' 0" 245  4/26/1963    9      84   213.36
```

위의 코드에서 Height를 Height.cm로 변환하기까지 다음과 같은 과정을 거쳤습니다.

Step 1: 모든 구두점을 gsub을 통해 제거하여 temp라는 임의의 이름을 붙였습니다.

Step 2: temp에 담긴 기호들은 띄어쓰기까지 포함해서 4자리까지 가지고 있습니다. substr(temp, 1, 1)은 temp에 담긴 element의 첫 번째 자리부터 첫 번째 자리를 의미합니다. 이는 피트를 의미하고, temp.ft라는 이름을 붙였습니다.

Step 3: substr(temp, 3, 4)는 temp에 담긴 element의 세 번째 자리부터 네 번째 자리를 의미합니다. 이는 인치를 의미하고, temp.in 이름을 붙였습니다.

Step 4 & 5: temp.ft와 temp.in은 아직 범주형 변수들로 인지되고 있기에 as.numeric을 사용하여 숫자형 변수들로 변형했고, 각각 feet와

inches라는 이름을 붙였습니다.

Step 6: feet와 inches를 모두 인치로 환산하여 bulls데이터에 Height.
in이라는 새로운 열로 붙였습니다.

Step 7: Height.in에 2.54를 곱하여 Height.cm라는 행을 bulls데이터
에 붙였습니다.

(데이터를 모으는 사람과 분석하는 사람이 사전에 미팅해서 데이터
의 형식을 미리 정했다면 참 좋았겠죠? 데이터 업무를 보시는 분
들끼리 주기적으로 미팅을 하고, 원하는 바를 전달하고, 향후의 애
로사항을 미리 살펴보면서 서로 친해지면 일이 쉬워집니다) 이제
Height.cm를 묘사하는 통계들을 계산할 수 있습니다.

```
> summary(bulls$Height.cm)
   Min. 1st Qu.  Median    Mean 3rd Qu.    Max.
  188.0   198.1   203.2   203.2   207.0   218.4
```

농구선수들이라 그런지 평균이 203.2센티미터나 되네요. 가장 작은
선수조차도 188.0의 장신이고, 가장 큰 선수는 218.4센티미터 입니
다. 마이클 조던의 키(198.12센티미터)는1st Qu.로써 작은 키부터 큰
키로 줄을 선다면 100명당 25번째 정도 되는 키라는 의미입니다.

다섯 번째 변수 Wt는 파운드 Pounds로 측정된 몸무게입니다. 1파운드

는 0.453592킬로그램입니다. 우리에게 익숙한 단위인 킬로그램으로 변환하여 Wt.kg의 변수를 만들어 봅시다. 몸무게를 그렇게 자세하게 계산할 필요는 없으니 소수점 하나로 반올림해 봅시다.

```
> bulls$Wt.kg = round( bulls$Wt * 0.453592, 1 )
> bulls
   No        Player Position Height  Wt Birth.Date Exp Height.in Height.cm Wt.kg
1   1    Randy Brown      PG  6' 2" 190  5/22/1968   5       74    187.96  86.2
2  30    Jud Buechler     SF  6' 6" 220  6/19/1968   6       78    198.12  99.8
3  35   Jason Caffey      PF  6' 8" 255  6/12/1973   1       80    203.20 115.7
4  18     Bison Dele       C  6' 9" 235   4/6/1969   5       81    205.74 106.6
5   9    Ron Harper       PG  6' 6" 185  1/20/1964  10       78    198.12  83.9
6  23 Michael Jordan      SG  6' 6" 198  2/17/1963  11       78    198.12  89.8
7  25     Steve Kerr      PG  6' 3" 175  9/27/1965   8       75    190.50  79.4
8   7     Toni Kukoc      SF 6' 10" 192  9/18/1968   3       82    208.28  87.1
9  13    Luc Longley       C  7' 2" 265  1/19/1969   5       86    218.44 120.2
10  0  Robert Parish       C  7' 1" 230  8/30/1953  20       85    215.90 104.3
11 33 Scottie Pippen      SF  6' 8" 210  9/25/1965   9       80    203.20  95.3
12 91 Dennis Rodman       PF  6' 7" 210  5/13/1961  10       79    200.66  95.3
13  8 Dickey Simpkins     PF  6' 9" 248   4/6/1972   2       81    205.74 112.5
14  6 Matt Steigenga      SF  6' 7" 225  3/27/1970   R       79    200.66 102.1
15 34 Bill Wennington      C  7' 0" 245  4/26/1963   9       84    213.36 111.1
```

키가 큰 선수들은 몸무게도 많이 나가겠죠? Height.cm와 Wt.kg가 선형관계를 가지고 있다는 가정하에 이 상관관계를 하나의 숫자로 정리할 수 있는 통계가 있습니다.

```
> cor( bulls$Height.cm, bulls$Wt.kg )
[1] 0.7184568
```

위의 통계(0.718)를 상관계수Correlation Coefficient라고 하는데, 상관계수는 단위가 없는 통계라 실생활에서 해석하기는 힘든 숫자입니다. 이론적으로 상관계수란 −1에서 +1사이의 숫자로써 0.718정도면 꽤 강한 양(+)의 선형관계를 의미합니다.

데이터로 보는 인사 이야기

이제 또 다른 변수 Exp를 살펴봅시다. Exp는 1996-97년 시즌을 기준으로 경력 햇수를 의미합니다. 따라서 숫자형 변수입니다. 평균 및 다른 기술통계들Descriptive Statistics을 계산해 봅시다.

```
> summary(bulls$Exp)
   Length    Class     Mode
       15 character character
```

위의 결과는 Exp를 범주형 변수로 인지하였기 때문에 나온 결과입니다. 꼼꼼하신 분들은 bulls데이터의 14번째 행에 있는 Matt Steigenga 선수의 Exp값이 'R'이라고 되어 있는 것을 알아차렸을 겁니다. 이는 신입선수Rookie라는 의미입니다. 이 하나의 알파벳 때문에 같은 열에 있는 모든 숫자들이 기호로 취급되어 Exp가 범주형 변수로 인지되었습니다. 이를 해결하는 방법 중 하나는 아래와 같습니다.

```
> bulls$Exp = as.numeric( ifelse( bulls$Exp == "R", 0, bulls$Exp ) )
> bulls
   No         Player Position Height  Wt Birth.Date Exp Height.in Height.cm Wt.kg
1   1    Randy Brown       PG   6' 2" 190  5/22/1968   5        74    187.96  86.2
2  30   Jud Buechler       SF   6' 6" 220  6/19/1968   6        78    198.12  99.8
3  35   Jason Caffey       PF   6' 8" 255  6/12/1973   1        80    203.20 115.7
4  18     Bison Dele        C   6' 9" 235   4/6/1969   5        81    205.74 106.6
5   9     Ron Harper       PG   6' 6" 185  1/20/1964  10        78    198.12  83.9
6  23 Michael Jordan       SG   6' 6" 198  2/17/1963  11        78    198.12  89.8
7  25     Steve Kerr       PG   6' 3" 175  9/27/1965   8        75    190.50  79.4
8   7     Toni Kukoc       SF  6' 10" 192  9/18/1968   3        82    208.28  87.1
9  13    Luc Longley        C   7' 2" 265  1/19/1969   5        86    218.44 120.2
10  0  Robert Parish        C   7' 1" 230  8/30/1953  20        85    215.90 104.3
11 33 Scottie Pippen       SF   6' 8" 210  9/25/1965   9        80    203.20  95.3
12 91  Dennis Rodman       PF   6' 7" 210  5/13/1961  10        79    200.66  95.3
13  8 Dickey Simpkins       PF   6' 9" 248   4/6/1972   2        81    205.74 112.5
14  6 Matt Steigenga       SF   6' 7" 225  3/27/1970   0        79    200.66 102.1
15 34 Bill Wennington        C   7' 0" 245  4/26/1963   9        84    213.36 111.1
```

bulls데이터의 Exp 열에서 'R'을 보면 '0'으로 전환하고, 아니면 있는 그대로 보존한 후, 숫자형 변수로 바꾸라는 명령을 했습니다. 그리고 새로운 열을 만드는 대신에 기존의 Exp 열에 덮어쓴 것입니다.

```
> summary(bulls$Exp)
   Min. 1st Qu.  Median    Mean 3rd Qu.    Max.
  0.000   4.000   6.000   6.933   9.500  20.000
```

이 농구 조직은 루키부터 20년 경험의 조직원들로 구성되어 다양성을 갖추었군요. 이 조직의 평균 경험은 6.933년, 그리고 약 절반이 6년 이하의 경험을 가지고 있습니다.

이제 마지막으로 Birth.Date 열에 집중해 봅시다. 생년월일은 숫자형 변수일까요 아니면 범주형 변수일까요? 지금 상황에서는 /의 표시로 인하여 범주형 변수로 인지되어 있습니다. 그리고 아래와 같이 모든 선수들의 생일을 마이클 조던의 생일(1963년 2월 17일)을 기준으로 숫자형 변수로 만들 수 있습니다.

```
> temp = as.Date( bulls$Birth.Date, format="%m/%d/%Y" )
> temp
 [1] "1968-05-22" "1968-06-19" "1973-06-12" "1969-04-06" "1964-01-20" "1963-02-17" "1965-09-27"
 [8] "1968-09-18" "1969-01-19" "1953-08-30" "1965-09-25" "1961-05-13" "1972-04-06" "1970-03-27"
[15] "1963-04-26"
> temp2 = julian(temp, origin=as.Date("1963-02-17") )
> temp2
 [1] 1921 1949 3768 2240  337    0  953 2040 2163 -3458  951  -645 3336 2595   68
attr(,"origin")
[1] "1963-02-17"
```

데이터로 보는 인사 이야기

```
> data.frame( Name=bulls$Player, Date=temp, Julian=temp2 )
              Name       Date Julian
1      Randy Brown 1968-05-22   1921
2     Jud Buechler 1968-06-19   1949
3     Jason Caffey 1973-06-12   3768
4       Bison Dele 1969-04-06   2240
5       Ron Harper 1964-01-20    337
6   Michael Jordan 1963-02-17      0
7       Steve Kerr 1965-09-27    953
8       Toni Kukoc 1968-09-18   2040
9      Luc Longley 1969-01-19   2163
10   Robert Parish 1953-08-30  -3458
11  Scottie Pippen 1965-09-25    951
12   Dennis Rodman 1961-05-13   -645
13 Dickey Simpkins 1972-04-06   3336
14 Matt Steigenga 1970-03-27   2595
15 Bill Wennington 1963-04-26     68
```

위와 같이 임의의 날(1963년 2월 17일)을 기준으로 계산된 일수를 줄리안 날짜Julian Date라고 합니다. 1990년대 후반 당시에 마이클 조던과 환상의 콤비였던 스코티 피펜Scottie Pippen은 조던이 태어나고 951일 후에 태어났다는 사실을 줄리안 날짜를 이용해서 쉽게 계산할 수 있습니다.

회귀분석으로 본
데이터 이야기

People Analytics 실전에서 데이터의 양이 늘어나고 그 형태가 복잡해 지면, 그 데이터와 분석의 목적에 맞는 통계모델Statistical Model을 적용해야 합니다. People Analytics에서는 여러 변수를 동시에 다뤄야 하는 경우가 있는데, 회귀모델Regression Model의 기본을 배우면 효율적인 데이터 분석에 도움이 될 것입니다. 사전적인 의미에서 회귀Regression란 한 바퀴 돌아서 제자리로 돌아온다는 뜻입니다. 통계학에서의 회귀란 어느 변수 Y의 평균Mean, Average, Expected Value을 다른 변수 X(또는 변수들 X_1, …, X_k)로 연결한다고 생각하시면 됩니다. 이 때 Y를 종속변수Dependent Variable 또는 결과변수Outcome Variable라고 하고, X를 독립변수Independent Variable, 설명변수Explanatory Variable 또는 예측변수Predictor라고 합니다. 용어가 많죠? 학생처럼 책장을 앞뒤로 넘기시며 기억을 되새기시면서 읽으셔야 할 수도 있습니다.

내 아이가 성인이 되었을 때의 키는?

People Analytics와 유전학이 직접적인 관련은 없지만 구체적으로 회귀분석의 이해를 돕고자 다음의 예를 먼저 소개하고자 합니다. 아이가 성인이 되었을 때의 키를 성별, 아버지의 키와 어머니의 키로 설명할 수 있다면 여기서 아이의 키(Y)는 종속변수이고, 아이의 성별(X_1), 아버지의 키(X_2), 그리고 어머니의 키(X_3)는 독립변수입니다. 아이가 성인이 되었을 때의 기대되는 키 E(Y)를 다음과 같이 표기할 수 있습니다.

$$E(Y) = \beta_0 + \beta_1 X_1 + \beta_2 X_2 + \beta_3 X_3$$

여기서 잠깐. 아버지의 키(X_2)와 어머니의 키(X_3)는 숫자형 변수$^{Numeric\ Variable}$이지만, 아이의 성별(X_1)은 남자(M) 또는 여자(F) 인 비숫자형 변수$^{Categorical\ Variable}$입니다(범주형 변수라고도 합니다). 사칙 연산이 들어간 위의 공식에서 X_1은 숫자가 되어야 하지 않나요? 네, 맞습니다. 나중에 R이 알파벳 순서로 여자(F)의 경우 $X_1 = 0$, 남자(M)의 경우 $X_1 = 1$이라고 바꿔줄 것 입니다. 이때 숫자로 변형된 X_1을 더미변수$^{Dummy\ Variable}$라고 하고, $X_1 = 0$로 표기되는 집단(여자)을 준거집단$^{Reference\ Group}$이라고 합니다.

비숫자형(범주형) 변수가 더미변수로 변형이 될 때는 다음과 같습니다. 비숫자형 변수^{Variable}가 A 또는 B중에 하나가 될 수 있다고 가정합시다. 이 경우에 R은 알파벳 순서로 A를 준거집단$^{Reference\ Group}$이라고 하고, variableB라는 더미변수를 만들어 variableB = 0은 A집단, variableB = 1은 B집단을 의미합니다.

비숫자형 변수가 네 집단 A, B, C, D중에 하나가 될 수 있다고 가정합시다. 알파벳 순서로 가장 앞선 A를 준거집단이라고 하고, 세 더미변수 variableB, variableC, variableD를 통해서 네 집단 A, B, C, D를 다음과 같이 표기할 수 있습니다.

데이터로 보는 인사 이야기

A집단: variableB = 0, variableC = 0, variableD = 0

B집단: variableB = 1, variableC = 0, variableD = 0

C집단: variableB = 0, variableC = 1, variableD = 0

D집단: variableB = 0, variableC = 0, variableD = 1

예를 들면, 어떤 조직의 직책(position)을 크게 네 가지 Intern(I), Staff (S), Manager(M), Director(D)로 구분할 수 있다고 가정하고, 알파벳 순서로 D를 준거집단이라고 한다면, 세 더미변수 positionI, positionM, positionS로 다음과 같이 표기할 수 있습니다.

D집단: positionI = 0, positionM = 0, positionS = 0

I집단: positionI = 1, positionM = 0, positionS = 0

M집단: positionI = 0, positionM = 1, positionS = 0

S집단: positionI = 0, positionM = 0, positionS = 1

회귀모델에서 종속변수를 일주일 근무 시간(work hours)이라고 한다면, 직책에 따라 다를 수 있는 평균 근무 시간을 다음과 같이 표기할 수 있습니다.

$E(\text{work hours}) = \beta_0 + \beta_1 \, \text{positionI} + \beta_2 \, \text{positionM} + \beta_3 \, \text{positionS}$

위의 더미변수의 정의에 따라서 각 집단의 평균 일주일 근무 시간은 다음과 같이 표기합니다.

D집단: $E(\text{work hours}) = \beta_0 + \beta_1(0) + \beta_2(0) + \beta_3(0) = \beta_0$

I집단: $E(\text{work hours}) = \beta_0 + \beta_1(1) + \beta_2(0) + \beta_3(0) = \beta_0 + \beta_1$

M집단: $E(\text{work hours}) = \beta_0 + \beta_1(0) + \beta_2(1) + \beta_3(0) = \beta_0 + \beta_2$

S집단: $E(\text{work hours}) = \beta_0 + \beta_1(0) + \beta_2(0) + \beta_3(1) = \beta_0 + \beta_3$

따라서 β_1은 I집단을 D집단(준거집단)에 비교할 때 평균 근무 시간의 차이, β_2은 M집단을 D집단에 비교할 때 평균 근무 시간의 차이, β_3은 S집단을 D집단에 비교할 때 평균 근무 시간의 차이라고 해석합니다.

1800년 후반 회귀분석에 공헌한 학자들 중 한 명은 영국의 프랜시스 갈튼Francis Galton입니다. 그분의 데이터가 'mosaicData'라는 패키지Package에 'Galton'이라는 이름으로 저장되어 있습니다.* 다음의 R코드는 'mosaicData' 패키지를 설치하고install.packages, 불러오고require, 'Galton' 데이터의 첫 10줄을 출력합니다head.

---

* https://vincentarelbundock.github.io/Rdatasets/doc/mosaicData/Galton.html

데이터로 보는 인사 이야기

```
> install.packages("mosaicData")

> require(mosaicData)

> head( Galton, 10 )
   family father mother sex height nkids
1       1   78.5   67.0   M   73.2     4
2       1   78.5   67.0   F   69.2     4
3       1   78.5   67.0   F   69.0     4
4       1   78.5   67.0   F   69.0     4
5       2   75.5   66.5   M   73.5     4
6       2   75.5   66.5   M   72.5     4
7       2   75.5   66.5   F   65.5     4
8       2   75.5   66.5   F   65.5     4
9       3   75.0   64.0   M   71.0     2
10      3   75.0   64.0   F   68.0     2

> dim(Galton)

[1] 898    6
```

위의 데이터는 898행과 6열로 이루어져 있고, 우리의 회귀모델에서 필요한 열Column은 성인이 된 아이의 키height, 성별sex, 아버지의 키father, 어머니의 키mother입니다. 모든 키는 인치Inches로 측정되었고, 센티미터Centimeters를 2.54를 나누면 인치가 됩니다. 프랜시스 갈튼이 힘들게 모으신 위의 데이터를 네 개의 통계로 정리해 보겠습니다.

```
> fit = lm( height ~ sex + father + mother, data=Galton )

> coef(fit)

(Intercept)        sexM       father       mother
 15.3447600   5.2259513   0.4059780   0.3214951
```

우리의 회귀모델은 위의 R의 언어로 조합해서 아래와 같이 표현될 수 있습니다.

$$E(\text{height}) = \beta_0 + \beta_1\ \text{sexM} + \beta_2\ \text{father} + \beta_3\ \text{mother}$$

앞서 언급한 대로 sexM는 더미변수로서 남자는 sexM = 1, 여자는 sexM = 0으로 인식이 됩니다. 그리고 898명의 Galton의 샘플Sample로 회귀모델의 (β_0, β_1, β_2, β_3)가 (15.3447600, 5.2259513, 0.4059780, 0.3214951)로 추산되었습니다. 몇 페이지 전에 가위 바위 보를 4번 이겼던 남자 어린이(sexM = 1)를 기억하시나요? 그 어린이의 아버지는 168.5센티미터(father = 66.3인치)의 장신이고 어머니는 159.0센티미터(mother = 62.6인치)의 미녀입니다. 위의 회귀모델로 이 어린이가 성인이 되었을 때의 기대 키 E(height)를 추산하는 데 있어서 '장신'과 '미녀'는 하나도 중요하지 않습니다. 단, 그 어린이가 가지고 있는 세 개의 설명변수들의 값과 (β_0, β_1, β_2, β_3)의 추산치만 있으면 됩니다.

```
> child1 = data.frame( sex="M", father=66.3, mother=62.6 )
> predict( fit, child1 )

      1
67.61265
```

R이 어떻게 67.71265인치를 계산하였을까요? 답은 아래와 같

데이터로 보는 인사 이야기

습니다.

15.3447600 + 5.2259513(1) + 0.4059780(66.3) + 0.3214951(62.6) = 67.61265인치 (172.0센티미터)

오빠에게 4번 졌던 여자 어린이(sexM = 0)는 부모가 같기에 성인이 되었을 때의 키를 다음과 같이 예측할 수 있습니다.

```
> child2 = data.frame( sex="F", father=66.3, mother=62.6 )
> predict( fit, child2 )

       1
62.3867
```

15.3447600 + 5.2259513(0) + 0.4059780(66.3) + 0.3214951(62.6) = 62.3867인치 (158.5센티미터)

회귀모델에서 β_1의 추산치인 5.226는 어느 남자 아이와 어느 여자아이의 부모의 키가 같을 때(굳이 남매가 아니더라도) 기대 키의 차이라고 해석될 수 있습니다. 그럼 β_2의 추산치 0.41은 어떻게 해석될 수 있을까요? 어느 아이 A의 기대 키를 μ_A라고 합시다.

$$\mu_A = \beta_0 + \beta_1 \text{ sexM} + \beta_2 \text{ father} + \beta_3 \text{ mother}$$

그리고 어느 아이 B의 키를 μ_B라고 합시다. 아이 A와 아이 B의 성별이 같고, 두 아이의 어머니의 키도 같고, 아이 B의 아버지가 아이 A의 아버지보다 1인치 클 때 μ_B는 다음과 같이 표기될 수 있습니다.

$$\mu_B = \beta_0 + \beta_1 \text{ sexM} + \beta_2 \text{ (father + 1)} + \beta_3 \text{ mother}$$

따라서 아이 B가 성인이 되었을 때의 기대 키를 아이 A의 기대 키에 비교할 때의 차이는 다음과 같습니다.

$$\mu_B - \mu_A = [\beta_0 + \beta_1 \text{ sexM} + \beta_2 \text{ (father + 1)} + \beta_3 \text{ mother}]$$
$$- [\beta_0 + \beta_1 \text{ sexM} + \beta_2 \text{ father} + \beta_3 \text{ mother}]$$
$$= \beta_2$$

따라서 어느 두 아이의 성별과 어머니의 키가 같고, 아버지의 키가 1인치의 차이가 있을 때, 두 아이의 기대 키의 차이는 0.406 인치로 추산이 됩니다. 비슷한 방법으로 β_3의 추산치 0.321은 "어느 두 아이의 성별과 아버지의 키가 같고, 어머니의 키가 1인치의 차이가 있을 때, 두 아이의 기대 키의 차이"라고 해석될 수 있습니다.

회귀모델은 가정을 바탕으로 만들어져 있습니다. 가정이 현실과 너무 다르면 분석에서 얻어지는 결과의 신뢰성을 잃게 됩니다. 회귀모델의 여러 가정에 대한 내용은 많은 통계학 교과서에 자세하게 다뤄지고 있습니다. 특히 정확한 설명과 이해를 돕기 위해서는 통계학 이론이 필요합니다. 관심이 있으신 분들은 더 자세히 공부해 보세요.

앞서 다뤄진 회귀모델 $E(height) = \beta_0 + \beta_1 sexM + \beta_2 father + \beta_3 mother$의 공식만 보더라도 "부모님의 키와 성별을 알고 있다면, 기대 키 $E(height)$는 $\beta_0 + \beta_1 sexM + \beta_2 father + \beta_3 mother$이다"라는 가정이 있습니다. 개인의 실제 키와 기대 키는 같을 수 없습니다. 항상 개인 차이가 존재합니다. 따라서 실제 키(height)는 다음과 같이 표현될 수 있습니다.

$$height = \beta_0 + \beta_1 sexM + \beta_2 father + \beta_3 mother + \varepsilon$$

여기에서 ε이란 어느 개인의 실제 키 height와 그 개인이 가지고 있는 세 변수의 값(sexM, father, mother)으로 설명된 기대 키 $E(height)$의 차이를 뜻합니다. 생물학적 부모가 성별이 같은 쌍둥이 형제의 추산된 기대 키가 같더라도 실제 키가 같을 수는 없습니다. 따라서 ε은 회귀모델의 설명변수로는 설명될 수 없는 무작위 숫자^{Random Number}라고 생각하시면 됩니다. 그리고 ε에 대한 가정은 다음과 같습니다. 임의로 선출된 두 개인의 ε는 서로 연관이 없어야 하고, ε의 분산^{Variance}은 어느 설명변수와도 상관없이 일정해야 하며, 경우에 따라서는 ε이 정규 분포를 따른다는 가정이 필요할 때(특히 Sample Size가 작을 때)도 있습니다.

회귀모델의 가정이 실제 데이터와 어느 정도는 맞아떨어져야 할 텐데요. 이 가정을 검토해 보는 방법으로 실제 값^{Observed Value}과 추산된 기대 값^{Fitted Value}과의 차이인 잔차^{Residual}를 사용할 수 있습니다.

```
> head( Galton, 5 )
  family father mother sex height nkids
1      1   78.5   67.0   M   73.2     4
2      1   78.5   67.0   F   69.2     4
3      1   78.5   67.0   F   69.0     4
4      1   78.5   67.0   F   69.0     4
5      2   75.5   66.5   M   73.5     4

> fit = lm( height ~ sex + father + mother, data=Galton )
> coef(fit)
(Intercept)        sexM      father      mother
 15.3447600   5.2259513   0.4059780   0.3214951

> data.frame( observed=Galton$height, fitted=fit$fitted, residual=fit$residual )
  observed   fitted    residual
1     73.2 73.98016 -0.780160366
2     69.2 68.75421  0.445790944
3     69.0 68.75421  0.245790944
4     69.0 68.75421  0.245790944
5     73.5 72.60148  0.898521277
...
```

데이터로 보는 인사 이야기

Galton데이터의 첫 번째 사람은 아버지가 78.5인치(father = 78.5), 어머니는 67.0인치(mother = 67.0), 그리고 남자(sexM = 1)입니다. 따라서 이 사람의 추산된 기대 키는 15.3447600 + 5.2259513(1) + 0.4059780(78.5) + 0.3214951(67.0) = 73.98016입니다. 이유는 알 수 없으나, 이 사람의 실제 키 73.2인치는 그 추산된 기대 키보다 0.78인치정도 작고, 여기에서 −0.780160336을 잔차라고 합니다.이와 같은 방법으로 898명의 잔차가 계산되었고, 잔차^{Residuals}와 추산된 기대 값^{Fitted Values}의 Scatter Plot과 잔차의 Q−Q Plot을 아래와 같이 만들 수 있습니다.

```
> plot( fit, 1 )
> plot( fit, 2 )
```

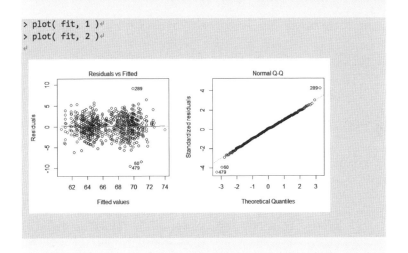

우선 plot(fit, 1)으로 만들어진 Scatter Plot(왼쪽)을 보세요. 많은 사람들의 눈에는 그냥 난수에 불과할지 몰라도, 통계학자 눈에는 아

주 아름답게 분포된 난수입니다. 그 이유는 Residual을 Fitted Value 에 따라서 볼 때에 특이한 패턴이 없이 일정한 분산을 보여주고 있습니다. 이는 ε의 분포가 모델의 가정에 잘 부합하고 있다는 것을 의미합니다. 그리고 R이 그려준 선(R에서는 빨간색으로 표시됨)이 0을 잘 따라가고 있습니다. 이는 기대 키 E(height)가 $\beta_0 + \beta_1$ sexM + β_2 father + β_3 mother의 조합으로 잘 모델 되었다는 뜻입니다.

다음으로 plot(fit, 2)로 만들어진 Q–Q Plot(오른쪽)을 보세요. 이 그림을 직접 만드는 방법은 조금 복잡합니다. 따라서 자세한 설명은 생략하겠지만, Q–Q Plot의 점들이 회색 점선을 잘 따르고 있다는 것에 주목해 주세요. 이는 ε의 분포가 정규분포를 잘 따르고 있다는 의미인데, 표본 크기|Sample Size가 클 때는 점들이 점선에 어긋나도 크게 걱정하실 필요는 없습니다. (참고로 Galton데이터의 Sample Size는 898이고, 이는 Q–Q Plot의 끝에 위치한 점들이 조금 튀어나와도 걱정하실 필요가 없을만큼 큰 Sample Size입니다)

이게 도대체 무슨 말이야! 회귀분석에서 기대치 계산하기도 바쁜데 잔차까지 신경써야 하나? 혹시 이런 생각을 품으셨다면 온 마음으로 이해합니다. 요약하자면 "회귀모델은 가정(가상의 세계)을 바탕으로 만들어졌고, 우리의 현실(데이터가 모아지는 곳)과 어느 정도 맞아

데이터로 보는 인사 이야기

떨어져야 하는데, 그 가정을 확인하는 수단으로 잔차가 이용되며, 가정이 너무 어긋났음이 발견되면 회귀분석에서 얻은 결과의 신뢰성이 떨어질 수 있다"고 할 수 있겠습니다. 가정이 어긋났다면 회귀분석을 포기하셔야 할까요? 그렇지 않습니다. 회귀모델의 이론을 잘 이해하면, 오히려 회귀모델의 가정을 이용하여 더 창의적인 회귀모델로 발전해 나갈 수 있습니다.

미국 어느 대학 교수들의 연봉에서 보이는 남녀차별?

이제는 조금 심각한 이야기를 하겠습니다. 조직에서 직원들의 연봉을 설명할 수 있는 설명변수들은 무엇이 있을까요? 직위, 경력, 경험, 그리고 능력을 나타내는 변수들이 아닐까요? 만약에 성별이 유의미한 설명변수로 나타난다면 조직 내 공정성에 어긋나 큰 논란이 될 수 있겠죠. 특히 최근 들어 MZ세대는 공정성에 대해서 더욱 민감하게 반응하므로 조직 및 HR에서는 이에 대한 고민이 더욱 중요해지고 있는 상황입니다.

아래는 'car' 패키지Package에 'Salaries'라는 이름으로 저장된 있는 데이터입니다.* 미국의 어느 대학에서 모인 데이터로써 교수 397명의 직위rank, 전공 분야discipline, 박사 학위를 취득했던 때로 부터의 연수yrs.since.phd, 그 대학에서의 근무 연수yrs.service, 성별sex, 그리고 연봉salary이 기록되어 있습니다. 아래의 R코드는 'car' 패키지를 설치하고install.packages, 불러오고require, 패키지에 저장 되어있는 'Salaries' 데이터의 첫 10행을 출력하고head, 데이터의 행과 열의 수를 출력하고dim, 각 변수의 주요한 통계를 계산하여 출력합니다 summary.

```
> install.packages("car")

> require(car)

> head( Salaries, 10 )

    rank discipline yrs.since.phd yrs.service    sex salary
1      Prof         B            19          18   Male 139750
2      Prof         B            20          16   Male 173200
3  AsstProf         B             4           3   Male  79750
4      Prof         B            45          39   Male 115000
5      Prof         B            40          41   Male 141500
6 AssocProf         B             6           6   Male  97000
7      Prof         B            30          23   Male 175000
8      Prof         B            45          45   Male 147765
9      Prof         B            21          20   Male 119250
10     Prof         B            18          18 Female 129000

> dim(Salaries)

[1] 397   6

> summary(Salaries)

      rank       discipline yrs.since.phd    yrs.service        sex          salary
 AsstProf : 67   A:181      Min.   : 1.00   Min.   : 0.00   Female: 39   Min.   : 57800
 AssocProf: 64   B:216      1st Qu.:12.00   1st Qu.: 7.00   Male  :358   1st Qu.: 91000
 Prof     :266              Median :21.00   Median :16.00                Median :107300
                            Mean   :22.31   Mean   :17.61                Mean   :113706
                            3rd Qu.:32.00   3rd Qu.:27.00                3rd Qu.:134185
                            Max.   :56.00   Max.   :60.00                Max.   :231545
```

---

* https://vincentarelbundock.github.io/Rdatasets/doc/carData/Salaries.html

데이터로 보는 인사 이야기

데이터 분석은 목적이 뚜렷해야 합니다. 우리의 목적은 성별에 따른 교수들의 연봉 차이를 밝히는 데 있습니다. 더 정확하게 표현을 하자면, 남자 교수들의 평균 연봉과 여자 교수들의 평균 연봉의 차이에 대한 가설검정Hypothesis Testing과 그 차이를 신뢰구간 Confidence Interval으로 추산하고자 합니다. 우리의 목적으로 바로 가기에 앞서 데이터를 조금 더 잘 이해하고자 성별에 따른 연봉의 상자그림을 만들고Boxplot, 기술통계Descriptive Statistics를 실행해 봅시다.

```
> install.packages("mosaic")

> require(mosaic)

> gf_boxplot( salary ~ sex, data=Salaries,
              xlab="", ylab="Salary (dollars)",
              title="Salaries of 397 Professors" )
```

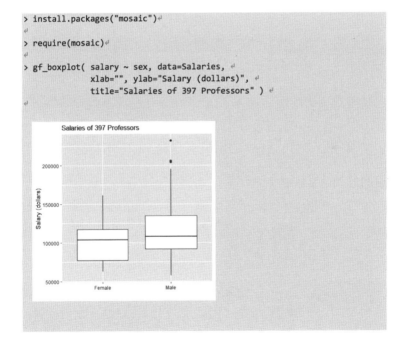

```
> favstats( salary ~ sex, data=Salaries )

     sex   min    Q1 median      Q3    max    mean       sd   n missing
1 Female 62884 77250 103750 117002.5 161101 101002.4 25952.13  39       0
2   Male 57800 92000 108043 134863.8 231545 115090.4 30436.93 358       0
```

위에 보이는 Boxplot에 따르면 남자 교수들의 연봉이 더 높은 경향이 보이고, favstats에 따르면 남자 교수들(358명)의 평균 연봉이 여자 교수들(39명)보다 $115,090.4 － $101,002.4 = $14,088.0만큼 더 높습니다. 과연 이 평균의 차이가 통계적으로 유의미할까요? 회귀분석을 해봅시다.

```
> fit = lm( salary ~ sex, data=Salaries )

> coef(fit)

(Intercept)      sexMale
  101002.41     14088.01
```

위의 코드에서 salary ~ sex는 성별에 따른 연봉을 의미하며, 아래의 회귀모델을 뜻합니다.

$$E(salary) = \beta_0 + \beta_1\ sexMale$$

전의 기대 키 회귀모델과 비슷한 경우로 sexMale은 더미변수입니다. 알파벳 순서로 여자 교수Female는 sexMale = 0, 남자 교수Male는 sexMale = 1입니다. 따라서 남자 교수Male와 여자 교수Female의

데이터로 보는 인사 이야기

기대 연봉을 각각 μ_M과 μ_F로 표기하면 다음과 같습니다.

$$\mu_M = \beta_0 + \beta_1 \text{ sexMale} = \beta_0 + \beta_1 (1) = \beta_0 + \beta_1$$

$$\mu_F = \beta_0 + \beta_1 \text{ sexMale} = \beta_0 + \beta_1 (0) = \beta_0$$

위의 추산에 따르면 β_0의 추산치는 101002.41이고, β_1의 추산치는 14088.01입니다. 따라서 여자 교수의 평균 연봉(β_0)은 $101,002.41, 남자 교수의 평균 연봉($\beta_0 + \beta_1$)은 $101,002.41 + 14,088.01 = $115,090.42, 그리고 남자 교수 평균 연봉을 여자 교수 평균에 비교하는 차이(β_1)는 $14,088.01로 추산되었습니다.

조금 더 나아가 귀무가설 $H_0: \beta_1 = 0$과 대립가설 $H_1: \beta_1 \neq 0$에서 통계적 유의미를 밝히고, β_1의 신뢰 구간을 계산할 수 있습니다. 여기서 귀무가설(H_0)은 남녀의 평균 연봉 차이가 없다는 뜻이고, 대립가설(H_1)은 그 차이가 있다는 의미입니다.

```
> summary(fit)$coef

            Estimate Std. Error   t value     Pr(>|t|)
(Intercept) 101002.41   4809.386 21.001103 2.683482e-66
sexMale      14088.01   5064.579  2.781674 5.667107e-03

> confint( fit, level=0.95 )
```

```
            2.5 %     97.5 %
(Intercept) 91547.216 110457.60
sexMale      4131.107  24044.91
```

위에 계산된 작은 p값 0.005667은 '귀무가설이 사실이기에는 이 데이터가 상당히 이상하다'는 의미를 가지고 있습니다. (앞서 언급했듯이 p값이 낮을수록 '데이터가 귀무가설에 강하게 반한 다'는 의미입니다) 따라서 귀무가설은 기각이 되고 대립가설로 결론을 내릴 수 있습니다. 이 데이터에서 계산된 β_1의 95% 신뢰구 간은 (4131, 24045)입니다. 신뢰 구간안의 값들이 모두 양(+)수라 는 점은 남자의 평균 연봉이 여자의 평균 연봉보다 더 높다는 근거 를 제시합니다.

위의 결론을 성급하게 내리기에는 아직 무리가 있습니다. 조금 더 분석해보죠. 연봉을 설명할 수 있는 다른 독립변수들이 무엇 이 있을까요? 직위rank와 박사 학위를 취득했던 때로부터의 연수 yrs.since.phd를 따져 봅시다. 대학의 교수들에게는 세 직위가 있습니 다. 패기가 넘치는 신입 교수들은 대부분이 조교수Assistant Professor 입니다. 데이터에서는 조교수는 'AsstProf'라고 표기되어 있습니 다. 조교수가 5-6년 정도 열심히 연구하고 학생들을 잘 가르치 면 부교수Associate Professor로 승진할 수 있고, 데이터에서 부교수는

'AssocProf'라고 표기되어 있습니다. 그리고 부교수가 여전히 열심히 연구를 하고 학생들을 잘 가르치면서 학교와 지역 사회에 기여도를 높여가면 정교수Full Professor로 승진을 할 수 있고, 데이터에서 정교수는 'Prof'라고 표기되어 있습니다. 직위와 연수에 따른 연봉을 정리해 봅시다.

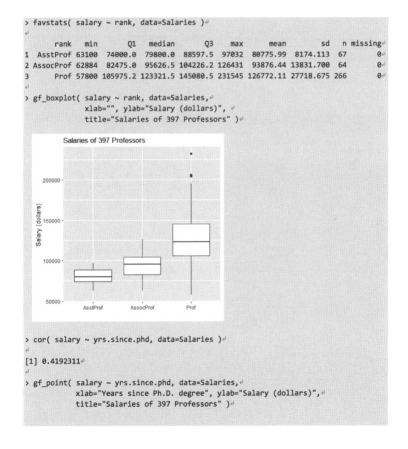

```
> favstats( salary ~ rank, data=Salaries )

     rank    min       Q1   median       Q3    max      mean         sd    n missing
1 AsstProf 63100  74000.0  79800.0  88597.5  97032  80775.99  8174.113   67       0
2 AssocProf 62884 82475.0  95626.5 104226.2 126431  93876.44 13831.700   64       0
3     Prof 57800 105975.2 123321.5 145080.5 231545 126772.11 27718.675  266       0
> gf_boxplot( salary ~ rank, data=Salaries,
            xlab="", ylab="Salary (dollars)",
            title="Salaries of 397 Professors" )
```

```
> cor( salary ~ yrs.since.phd, data=Salaries )

[1] 0.4192311

> gf_point( salary ~ yrs.since.phd, data=Salaries,
          xlab="Years since Ph.D. degree", ylab="Salary (dollars)",
          title="Salaries of 397 Professors" )
```

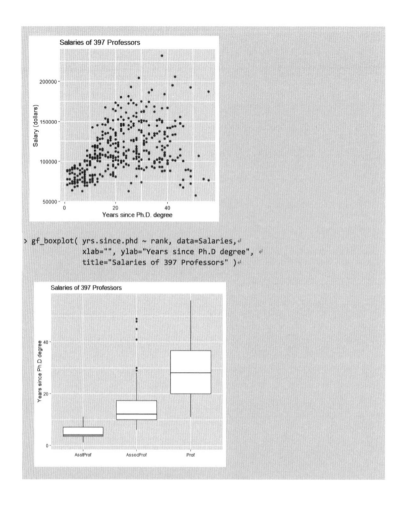

```
> gf_boxplot( yrs.since.phd ~ rank, data=Salaries,
             xlab="", ylab="Years since Ph.D degree",
             title="Salaries of 397 Professors" )
```

favstats의 결과를 보면 정교수[Prof]의 평균 연봉이 부교수[AssocProf]에 비해 $126,722.11 − $93,876.44 = $32,845.67만큼 높고, 부교수의 평균 연봉은 조교수[AsstProf]보다 $93,876.44 − $80,775.99 = $13,100.45만큼 높습니다. 연봉[salary]과 박사 학위를 취득했던 때로부터의 연수[years.since.phd]는 양(+)의 관계를 보이고(r = 0.42), 직위

데이터로 보는 인사 이야기

와 연수의 관계 역시 뚜렷합니다.

이제 세 개의 설명변수 성별sex, 직위rank와 연수years.since.phd를 동시에 고려하여 기대 연봉 E(salary)를 아래와 같이 모델할 수 있습니다.

$$E(salary) = \beta_0 + \beta_1 \, sexMale + \beta_2 \, rankAssocProf + \beta_3 \, rankProf$$
$$+ \beta_4 \, years.since.phd$$

숫자가 아닌 'rank'는 세 그룹(AsstProf, AssocProf, Prof)을 포함하고 있고, 알파벳 순서에 따라서 'AsstProf'가 준거집단이 됩니다. 변수가 세 그룹으로 이루어져 있을 때 두 개의 더미변수(rankAssocProf와 rankProf)가 만들어집니다. 준거집단인 조교수 AsstProf는 rankAssocProf = 0과 rankProf = 0으로 표기되고, 부교수 AssocProf는 rankAssocProf = 1과 rankProf = 0으로 표기되며, 정교수Prof는 rankAssocProf = 0과 rankProf = 1로 표기됩니다.

하나의 설명변수를 사용하는 회귀분석을 단순회귀분석Simple Regression Analysis이라고 하고, 두 개 이상의 설명변수를 사용하는 회귀분석을 다중회귀분석Multiple Regression Analysis이라고 합니다. 앞서 고려했던 단순회귀모델 E(salary) = β_0 + β_1 sexMale에서의 β_1과 위의 다중회귀모델에서의 β_1은 다른 뜻을 가지고 있습니다. 단순회귀모델의 β_1은 남자 교수의 평균 연봉을 여자 교수의 평균 연봉에 비교하는 차이를 뜻하고, 다중회귀모델의 β_1은 '남자 교수와 여자 교수의 직위rank와 경험yrs.since.phd이 같다'는 조건에서 평균 연봉을 비교하는 차이를 뜻합니다. 아래에 다중회귀모델의 결과가 있습니다.

```
> fit2 = lm( salary ~ sex + rank + yrs.since.phd, data=Salaries )

> summary(fit2)$coef

                Estimate Std. Error   t value     Pr(>|t|)
(Intercept) 76944.48523  4455.6767 17.2688661 4.256911e-50
sexMale      5146.60894  4038.8615  1.2742722 2.033219e-01
rankAssocProf 14012.79755 4342.7748  3.2266922 1.357537e-03
rankProf     47635.89764  4412.6563 10.7952885 5.833830e-24
yrs.since.phd  -92.10413   129.6898 -0.7101881 4.780098e-01
```

다중회귀모델에서 β_1의 추산치는 \$5,147입니다. 단순회귀모델에서는 β_1의 추산치가 \$14,088였고, 작은 p값 0.005667에 따라서 귀무가설 H_0: β_1 = 0이 기각되었었죠. 하지만 다중회귀모델에서는 귀무가설을 기각하기에는 p값 0.2033이 충분히 작지 않습니다. (위에 보이는 p값 2.033219e-01은 0.2033219를 의미합니다) 따라서 직위rank와 연수years.since.phd까지 고려하여 남녀의 평균 연봉을 비교하면 그 차이가 통계적으로 유의미하다는 결론을 얻을 수 없습니다. 참고로 연수years.since.phd는 어느 정도 직위rank에 반영이

데이터로 보는 인사 이야기

되었기에, 직위를 모델에 이미 포함했다면, 연수까지 고려할 필요가 없다는 점을 p값 0.4780이 알려줍니다.

그렇다면 단순회귀모델은 어떤 이유로 유의미한 남녀의 평균 연봉 차이를 나타냈던 것 일까요? 아래 테이블Table을 보시죠.

```
> tally( rank ~ sex, data=Salaries )

          sex
rank        Female Male
  AsstProf      11   56
  AssocProf     10   54
  Prof          18  248

> tally( rank ~ sex, data=Salaries, format="perc" )

          sex
rank         Female     Male
  AsstProf  28.20513 15.64246
  AssocProf 25.64103 15.08380
  Prof      46.15385 69.27374
```

남자 교수 358명중 248명(69.3%)이 비교적 연봉이 높은 정교수Prof였고, 여자 교수 39명중 18명(46.2%)이 정교수Prof였습니다. 반면에 남자 교수 358명중 56명(15.6%)이 비교적 연봉이 낮은 조교수AsstProf였고, 여자 교수 39명중 11명(28.2%)이 조교수AsstProf 였습니다. 결정적으로 이 불균형으로 인하여 직위를 고려하지 않았던 단순회귀모델에서는 마치 남녀의 평균 연봉 차이가 더 크게 보였던 것 입니다.

여러분이라면 어떤 회귀분석으로 어떤 결론을 내리시겠습니까? 만약 이 데이터가 포함하고 있지 않은 변수들을 더 고려하고 다중회귀모델을 만들 수 있었다면, 남녀 간 평균 연봉의 차이가 0에 가까워질 수 있었을까요? 아직도 이 조직에 어떤 형태로든 남녀 불평등이 있다고 생각하신다면, 여러 변수를 고려하고 승진의 속도를 비교해 보는 것도 하나의 방법이 될 수 있겠네요. 물론, 그런 데이터를 모으는 데에는 더 많은 시간과 노력이 필요할 것이라 생각됩니다.

높은 공교육 예산으로 나타난 낮은 대학 입학 시험 점수?

다음의 데이터를 한 번 보시죠.*

```
> install.packages("stevedata")
> install.packages("mosaic")
> require(stevedata)
> require(mosaic)

> educ = data.frame(Guber99)
> head( educ, 10 )
```

---

* https://vincentarelbundock.github.io/Rdatasets/doc/stevedata/Guber99.html

데이터로 보는 인사 이야기

```
     state expendpp ptratio tsalary perctakers verbal math total
1    Alabama    4.405    17.2  31.144          8    491  538  1029
2     Alaska    8.963    17.6  47.951         47    445  489   934
3    Arizona    4.778    19.3  32.175         27    448  496   944
4   Arkansas    4.459    17.1  28.934          6    482  523  1005
5 California    4.992    24.0  41.078         45    417  485   902
6   Colorado    5.443    18.4  34.571         29    462  518   980
7 Connecticut   8.817    14.4  50.045         81    431  477   908
8   Delaware    7.030    16.6  39.076         68    429  468   897
9    Florida    5.718    19.1  32.588         48    420  469   889
10   Georgia    5.193    16.3  32.291         65    406  448   854

> dim(educ)
[1] 50  8
```

1994-95년에 미국 50개 주state에서 보고된 공립 학교 예산
expendpp(학생당 $1,000), 학생 대 교사 비율ptratio, 교사들의 평균 연
봉tsalary($1,000), 대학 입학 시험SAT의 자격이 되는 학생들 중에서
시험을 본 학생들의 비율perctakers(퍼센트), 그 주의 평균 SAT 언어
점수verbal(800점 만점), 평균 SAT 수학 점수math(800점 만점), 그
리고 평균 SAT 합계 점수total(1,600점 만점)가 기록되어 있습니다.
이 데이터는 Guber(1999)에 의해서 분석이 된 적이 있고, 여러분
과 함께 재조명을 하려 합니다.

우리의 데이터 분석 목적은 미국 50개 주의 공립학교 예산
expendpp과 학생들의 평균 SAT 수학 점수math의 상관 관계를 설명
하는 것 입니다. (한 회사에 50개의 부서가 있고, 부서 지원금
에 따라서 직원들의 평균 퍼포먼스Performance의 상관관계를 분석

하신다고 생각하셔서도 HR관점에서 괜찮을 것 같습니다) 우리의
목적에 맞게 데이터를 한눈에 볼 수 있는 Scatter Plot을 만들고
Correlation을 계산해 봅시다.

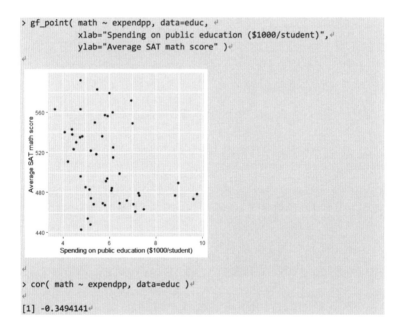

```
> gf_point( math ~ expendpp, data=educ,
            xlab="Spending on public education ($1000/student)",
            ylab="Average SAT math score" )

> cor( math ~ expendpp, data=educ )
[1] -0.3494141
```

음(−)의 관계라 … 조금 충격적이지 않나요? 그림에서도 학생
당 예산이 높은 주의 평균 SAT 수학 점수가 낮아 보이는군요. 단
순회귀분석은 어떤 결과를 낳을까요?

데이터로 보는 인사 이야기

```
> fit = lm( math ~ expendpp, data=educ )

> summary(fit)$coef
            Estimate Std. Error    t value      Pr(>|t|)
(Intercept) 569.65267  24.167630  23.570895  4.879048e-28
expendpp    -10.30821   3.989764  -2.583664  1.287582e-02
```

학생당 예산이 $1,000 높을수록 평균 점수는 10.3정도씩 낮아
진다고 추산이 되고, p값 0.0129도 제법 낮습니다. (위에 보이는
p값 1.287582e-02는 0.01287582를 의미합니다) 이 근거로 주마
다 공교육에 배정된 예산을 거둬드려야 할까요?

이 분석에서 설명변수Explanatory Variable는 공립학교 예산expendpp이
고, 결과변수Dependent Variable는 평균 SAT 수학 점수math입니다. 연
구자가 설명변수의 값을 무작위로 설정하여 결과변수의 값을 얻
는 것을 실험연구Experimental Study라고 합니다. 연구자의 손을 거치
지 않고 이미 설정된 설명변수의 값과 결과변수의 값을 관찰하
는 것을 관찰연구Observational Study라고 합니다. 한 명의 연구자가 연
구라는 명분으로 미국 50개 주의 공교육 예산을 무작위로 설정할
수 없겠죠. 그러므로 여러분이 보고계신 이 데이터는 관찰을 통해
서 얻은 데이터입니다. 이런 경우에는 제3의 변수에 의하여 설명
변수와 결과변수의 사이에 예상치 못한 관계가 보일 수 있습니다.
이 데이터에서 제3의 변수로 SAT 시험에 참여했던 학생들의 비율

perctakers을 눈여겨볼 필요가 있습니다.

```
> gf_point( perctakers ~ expendpp, data=educ,
           xlab="Spending on public education ($1000/student)",
           ylab="Percent (%) of exam takers" )

> gf_point( math ~ perctakers, data=educ,
           xlab="Percent (%) of exam takers",
           ylab="Average SAT math score" )
```

```
> fit2 = lm( perctakers ~ expendpp, data=educ )

> summary(fit2)$coef

              Estimate Std. Error    t value      Pr(>|t|)
(Intercept) -33.48454  13.829623  -2.421219  1.929841e-02
expendpp     11.63785   2.283092   5.097407  5.780893e-06

> fit3 = lm( math ~ perctakers, data=educ )

> summary(fit3)$coef

              Estimate Std. Error     t value      Pr(>|t|)
(Intercept) 554.805582  4.7238929  117.44669  1.049558e-60
perctakers   -1.306061  0.1071467  -12.18947  2.640979e-16
```

왼쪽 그림을 보면 예산이 학생당 $5,000이하인 주들에서는
SAT 참여율이 평균 20%보다 낮은 반면에 $7,000이상인 주들에

데이터로 보는 인사 이야기

서는 SAT 참여율이 평균 50%보다 높은 경향을 보입니다. 회귀분석으로 추산해 볼 때, 학생당 예산 $1,000 증가마다 SAT 참여율은 평균 +11.6%의 증가를 보입니다. 오른쪽 그림을 보면 SAT 참여율이 40%이하인 주들 중에서 대부분이 평균 500점 이상의 SAT 수학 점수를 보였고, 참여율이 40% 이상인 주들은 모두 평균이 500점에 가깝거나 보다 낮았습니다. 회귀분석으로 추산해 볼 때, SAT 참여율 1% 증가마다 평균 SAT 수학 점수는 평균 1.3점의 감소를 보입니다. 따라서 높은 예산은 학생들의 SAT 참여율을 높이면서 평균 점수가 낮아지는 경향을 초래했다고 추론해 볼 수 있습니다.

SAT 참여율perctakers을 고려하지 않은 단순회귀모델 $E(\text{math}) = \beta_0 + \beta_1 \text{expendpp}$에서 β_1의 추산치는 음수인 -10.30821이었고, 이 결과는 오해를 불러일으킬 수 있습니다. 그럼 다중회귀모델 $E(\text{math}) = \beta_0 + \beta_1 \text{expendpp} + \beta_2 \text{perctakers}$로 같은 데이터를 분석해 봅시다.

```
> fit4 = lm( math ~ expendpp + perctakers, data=educ )

> summary(fit4)$coef

             Estimate Std. Error    t value     Pr(>|t|)
(Intercept) 518.301246 12.4039723  41.785102 8.022390e-39
expendpp      7.539435  2.3999330   3.141519 2.906634e-03
perctakers   -1.533586  0.1222104 -12.548740 1.294642e-16
```

다중회귀모델 β_1의 추산치는 양수인 +7.539435이고 '임의의 두 주가 SAT 참여율이 같다면 학생당 예산이 \$1,000 높을수록 평균 점수도 7.5점 정도 높아진다'고 해석될 수 있습니다. β_2의 추산치 −1.533586은 '임의의 두 주가 예산이 같다면 SAT 참여율이 1% 높을수록 평균 점수는 1.5점 정도도 낮아진다'고 해석될 수 있습니다.

예산expendpp이 SAT 참여율perctakers을 통해서 SAT 수학 점수math 까지 영향을 미친다는 가정하에 조절 효과 분석Mediation Analysis을 아래의 그림으로 정리할 수 있습니다(Baron & Kenny, 1986; Hayes 2013; Kim & Lee, 2021).

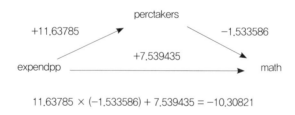

단순회귀모델 E(math) = β_0 + β_1 expendpp에서 β_1의 추산치 −10.30821는 11.63785 × (−1.533586) + 7.539435와 같습니다. 다시 말해 β_1의 추산치 −10.30821은 (1) SAT 참여율perctakers 이 높아지면서 SAT 수학 평균 점수math가 낮아지는 경향의 추산

데이터로 보는 인사 이야기

치와 (2) SAT 참여율^{perctakers}을 고려했을 때 SAT 수학 평균 점수 ^{math}가 높아지는 경향의 추산치의 합이라고 해석될 수 있습니다.

마스크 의무화와
COVID-19 감염자 수 그리고 지지정당?

2020년 초부터 COVID-19은 전 세계에 혼란과 불안감을 주었고, 현재(2021년 3월)를 기준으로 가장 많은 감염자와 사망자를 보고한 나라는 미국입니다. 이 기간의 미국은 정치적으로도 혼란스러웠던 시기였습니다. 마스크 착용에 대한 의견과 시민들의 행동조차 민주당^{Democrats}과 공화당^{Republicans}으로 갈리는 경향을 보였습니다. 공화당 지역에서는 민주당 지역에 비해 마스크 착용을 하지 않는 편이었죠.

미국은 COVID-19에 대한 대책과 정책이 50개의 주^{State}마다 다릅니다. 미국을 하나의 큰 조직으로 보고 50개의 독립적인 부서들이 있다고 생각해 봅시다. 과연 정책의 효과가 모든 부서들에게 일정할까요? 아니면 다른 변수에 따라서 그 효과의 정도가 달라질 수 있을까요?

다음의 데이터^covid-csv는 필자가 여러 기사와 미국의 질병통제예방센터^Centers for Disease Control and Prevention에서 모은 자료입니다.* (물론 실험이 아닌 관찰에 의한 데이터입니다.) 각 주^state의 1월 둘째 주 하루 평균 10만 명당 감염자 수^case, 1월 중순 기준 마스크 의무화^mask(N은 의무화하지 않음, Y는 의무화함), 그리고 2020년 대선에서의 다수 지지 정당^party(D는 민주당, R은 공화당, S는 경쟁주)이 기록되어 있습니다.

```
> covid = read.csv( "C:/Data/covid-mask.csv" )
> head(covid)

    state    case mask party
1  Alabama   62.7   Y    R
2   Alaska   32.1   N    R
3  Arizona  116.9   N    D
4 Arkansas   87.3   Y    R
5 California 100.9  Y    D
6 Colorado   36.1   Y    D

> table( covid$mask, covid$party )

    D  R  S
  N  2  9  1
  Y 22 15  1
```

민주당(D) 24주 중에서 22주(91.7%), 공화당(R) 24주 중에서 15곳(62.5%), 두 경쟁주(S) 중에서 한 주(50%)가 마스크 의무화

---

* 194 페이지의 〈R코드와 데이터〉 QR코드를 찍으시면 해당 데이터(covid-mask.csv)를 다운로드 받으실 수 있습니다.

데이터로 보는 인사 이야기

를 실행했습니다. 통계조차도 지지 정당에 따라 차이를 보입니다.

과연 마스크 착용을 의무화하는 주에서 감염자 수(하루 평균 10

만 명당)가 낮은 경향이 있었을까요?

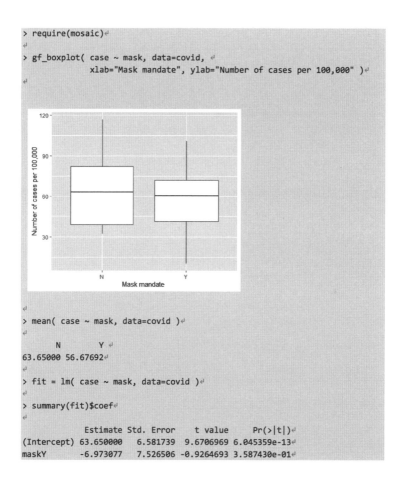

```
> require(mosaic)

> gf_boxplot( case ~ mask, data=covid,
              xlab="Mask mandate", ylab="Number of cases per 100,000" )
```

```
> mean( case ~ mask, data=covid )

       N        Y
63.65000 56.67692

> fit = lm( case ~ mask, data=covid )

> summary(fit)$coef

            Estimate Std. Error    t value     Pr(>|t|)
(Intercept) 63.650000   6.581739  9.6706969 6.045359e-13
maskY       -6.973077   7.526506 -0.9264693 3.587430e-01
```

마스크 착용을 의무화하지 않는 주들(maskY = 0)의 평균은 하루 평균 10만 명당 63.65건, 마스크 착용을 의무화하는 주들 (maskY = 1)의 평균은 56.68건으로 6.97건 정도 낮습니다. 하지만 단순회귀모델로 추산된 차이(−6.97)는 통계적으로 유의미해 보이지 않습니다(p = 0.359).

어떤 문제든 정책만으로는 원하는 결과를 가져올 수 없습니다. COVID-19에 대한 방역의 효과 역시 정책만으로는 부족합니다. 정책을 존중하고 지키려는 주민들의 자세와 협조에서 그 효과가 나올 것입니다. 민주당을 지지하는 사람들과 공화당을 지지하는 사람들 사이에서 자세와 협조가 다르다고 단언하거나 모든 사람들에게 일반화할 수는 없습니다. 하지만 다음의 통계(경쟁주 두 곳을 제외)는 많은 생각이 들게 합니다.

```
> covid2 = subset( covid, party != "S" )

> mean( case ~ mask + party, data=covid2 )

     N.D      Y.D      N.R      Y.R
99.35000 53.40455 58.44444 63.20667

> ave.case = c( 99.35, 54.40, 58.44, 63.21 )
> mask = c( "N", "Y", "N", "Y" )
> party = c( "D", "D", "R", "R" )

> interaction.plot( mask, party, ave.case,
                    col=c("blue","red"), lty=c(1,2), legend=FALSE,
                    xlab="Mask mandate",
                    ylab="Expected daily average cases per 100,000",
                    main="COVID-19 New Cases (January 2021)" )
```

데이터로 보는 인사 이야기

```
> legend( "topright", legend=c("Democrat","Republican"),
        col=c("blue","red"), lty=c(1,2), bty="n" )
```

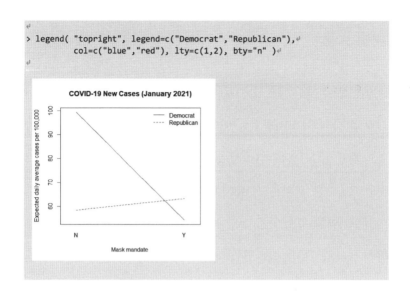

민주당(D)을 지지하는 주들에서는 마스크 의무화에 따른 차이가 53.40 – 99.35 = –45.95이었고, 공화당(R)을 지지하는 주들에서는 그 차이가 63.21 – 58.44 = +4.77이었습니다. 다시 말해, 민주당을 지지하는 주들에서는 마스크 의무화 한 주들이 하루 평균 감염자 수가 10만 명당 평균 46.95명 적었고, 공화당을 지지하는 주들에서는 마스크 의무화 한 주들이 평균 4.77명 높았습니다.

'마스크 의무화 여부mask와 감염자 수case의 관계가 지지당party에 따라서 다른 현상'을 mask와 party의 상호관계Interaction라고 합니다. 이 상호관계의 통계적 유의미는 다음의 다중회귀모델로 알아볼 수 있습니다.

$$E(case) = \beta_0 + \beta_1\, maskY + \beta_2\, partyR + \beta_3\, maskY \times partyR$$

위의 모델에서 마스크 의무화 변수^{mask}와 지지 정당 변수^{party}는 각각 하나씩의 더미변수를 만듭니다. 마스크 의무화 변수^{mask}는 알파벳 순서(N, Y)에 따라서 maskY = 0은 마스크 의무화를 하지 않는 주(N)를 의미하고, maskY = 1은 마스크 의무화를 하는 주(Y)를 의미합니다. 지지 정당 변수^{party}도 알파벳 순서(D, R)에 따라서 partyR = 0은 민주당이 다수인 주(D)를 의미하고, partyR = 1은 공화당이 다수인 주(R)를 의미합니다. 이 표기에 따라서 마스크 의무화의 주들(maskY = 1)에서 10만명당 하루 평균 감염자 수의 평균은 다음과 같습니다.

$$\mu_Y = \beta_0 + \beta_1\,(1) + \beta_2\, partyR + \beta_3\,(1) \times partyR$$
$$= \beta_0 + \beta_1 + \beta_2\, partyR + \beta_3\, partyR$$

마스크 의무화가 아닌 주들(maskY = 0)의 평균은 다음과 같습니다.

$$\mu_N = \beta_0 + \beta_1\,(0) + \beta_2\, partyR + \beta_3\,(0) \times partyR$$
$$= \beta_0 + \beta_2\, partyR$$

데이터로 보는 인사 이야기

따라서, 마스크 의무화에 따른 평균 차이는 다음과 같습니다.

$$\mu_Y - \mu_N = (\beta_0 + \beta_1 + \beta_2 \text{ partyR} + \beta_3 \text{ partyR}) - (\beta_0 + \beta_2 \text{ partyR})$$

$$= \beta_1 + \beta_3 \text{ partyR}$$

민주당을 지지하는 주들(partyR = 0)에서의 평균 차이($\mu_Y -$ μ_N)는 β_1이고, 공화당을 지지하는 주들(partyR = 1)에서의 평균 차이($\mu_Y - \mu_N$)는 $\beta_1 + \beta_3$입니다. 따라서 mask와 party의 상호관계를 검정하기 위한 귀무가설은 H0: β_3 = 0(지지 정당에 상관없이 차이가 동일함)이고, 대립가설은 H1: $\beta_3 \neq$ 0(지지 정당에 따라 차이가 다름)입니다.

```
> fit2 = lm( case ~ mask * party, data=covid2 )
> summary(fit2)$coef

              Estimate Std. Error   t value     Pr(>|t|)
(Intercept)   99.35000   15.39595   6.452995 7.274266e-08
maskY        -45.94545   16.08055  -2.857207 6.503493e-03
partyR       -40.90556   17.02086  -2.403260 2.053158e-02
maskY:partyR  50.70768   18.51656   2.738503 8.876355e-03
```

위 결과에 따르면 β_3에 대한 가설검정의 p값은 0.00888이고, 따라서 데이터가 대립가설을 지지하고 있음을 의미합니다. 민주당을 지지하는 주들(partyR = 0)은 마스크 유무에 따른 평균의 차이

(β_1)가 10만 명당 하루 평균 −45.95(감소)로 추산되고, 공화당을 지지하는 주들(partyR = 0)은 마스크 유무에 따른 평균의 차이($\beta_1 + \beta_3$)가 10만 명당 하루 평균 −45.94545 + 50.70768 = +4.77로 추산됩니다. 다시 말해 이 상호관계가 정말로 존재한다면, 민주당을 지지하는 주에서는 마스크 의무화의 효과가 나타났고, 공화당을 지지하는 주에서는 나타나지 않았을 가능성을 제시합니다.

관찰로 얻어진 이 데이터와 회귀분석 결과만으로는 주민들의 협조에 따른 인과 관계를 따지기에는 무리가 있습니다. 하지만 마스크 의무화에 따른 감염자 수의 변화가 다수 정당에 따라 다르게 나타났다는 점은 많은 생각을 들게 하는 사례입니다.

조건부확률로 본
데이터 이야기

앞에서 본 데이터 이야기들은 키, 연봉, 시험 평균 점수, 10만명당 감염자 수 등 결과변수$^{Outcome\ Variable}$가 숫자변수$^{Numeric\ Variable}$였고, 회귀모델로 결과변수의 평균을 설명변수들로 연결했습니다. 그렇다면 다음의 결과변수를 생각해 봅시다. 동전을 던졌을 때 앞면이 나오는 경우(1로 표기)와 뒷면이 나오는 경우(0으로 표기). 직장에서 승진하는 경우(1)와 다음을 기약해야 하는 경우(0). 대학원 지원서를 낸 후 합격하는 경우(1)와 불합격하는 경우(0). 재난 상황에서 생존하는 경우(1)와 생존하지 못하는 경우(0). 약물

검사를 했을 때, 양성 결과가 나오는 경우(1)와 음성 결과가 나오는 경우(0). 이처럼 변수가 두 가지 경우를 가지고 있을 때, 이를 이항 변수Binary Variable라고 합니다. 이항 변수의 값은 1또는 0으로 구분하고, 1과 0의 가능성이 같을 때 '확률 0.5' 또는 '확률 50%'라는 표현을 씁니다. 이론상으로 확률은 0과 1 사이의 숫자이지만, 우리는 흔히 100을 곱하여 퍼센트(%)로 표현하기도 합니다.

통계학자들 사이에서 확률에 대한 해석은 빈도주의Frequentist 관점과 베이즈주의Bayesian 관점이 있습니다. 앞선 챕터에서도 베이지안에 대한 설명과 사례를 이야기한 바 있는데, 이번 챕터에서는 빈도주의 관점에서 확률을 바라보겠습니다. 빈도주의 관점에 따르면 같은 조건에서 실험 또는 관찰을 n번 반복하고 "1"의 결과가 X번 나온다고 표기를 할 때, n이 무한으로 갈수록 X/n이 점점 가까워 지는 숫자를 확률이라고 정의합니다. 따라서 같은 조건에서 실험 또는 관찰이 여러 번 반복되어야만 진실 확률에 접근할 수 있습니다. 예를 들면 오빠와 동생이 가위 바위 보를 n = 4번 해서 오빠가 이기는 경우(1)가 X = 4번이 있었다면, 그 확률이 X/n = 1 이라고 하기에는 무리가 있습니다. 남매가 수없이 지치지 않고 누구도 서운해하지 않고 n = 10,000번 정도 하게 되면 X/n가 진실 확률에 가까워지겠죠. 이처럼 빈도주의 확률의 정확한 해석은 독

데이터로 보는 인사 이야기

자들의 상상력을 필요로 합니다.

베이즈주의 관점의 확률은 지식, 믿음 또는 경험과 데이터를 활용하여 불확실한 진실에 대한 확신을 표현하는 0과 1사이의 숫자라고 할 수 있습니다. 베이즈주의 관점의 확률은 주관을 담고 있으므로 새로운 데이터에 의해 확률이 변할 수 있습니다. 두 사람이 어느 진실에 대해서 서로 다른 주관으로 연구를 시작했다면, 같은 실험 또는 관찰 결과(데이터)를 여러 번 목격함으로써 두 사람의 달랐던 주관은 한 방향으로 일치해 나갈 수 있습니다. 따라서 데이터의 양이 많아질수록(모델이 같다는 전제하에) 주관이 담긴 베이즈주의 분석의 결과와 주관이 담기지 않은 빈도주의 분석의 결과는 비슷할 때가 많습니다.

우리는 스포츠에서 빈도주의 확률을 자주 접하게 됩니다. 예를 들면 야구에서의 타율은 타석의 수(n)와 안타의 수(X)의 비율로 계산이 되니 n이 작을 때(시즌 초반) 계산된 타율보다는 n이 클 때(시즌 후반)에 계산된 타율이 그 선수의 진짜 실력(안타를 칠 확률)에 가까울 것입니다. 2020년 메이저리그 탐파베이Tampa Bay의 최지만 선수는 n = 122번 타석에 들어서 X = 28개의 안타를 쳤습

니다. 따라서 타율은 X/n = 0.230 입니다.* 한 명의 팬 입장에서 그리고 빈도주의 확률의 관점에서 더 많은 타석에 나왔으면 좋았겠지만, 이 타율(데이터로 추산된 안타의 확률)을 P(안타) = 0.230이라고 표기해 봅니다. 흥미롭게도 투수가 왼손으로 공을 던질 때는 타율이 P(안타|왼손 투수) = 2/17 = 0.118, 오른손 투수일 때는 타율이 P(안타|오른손 투수) = 26/105 = 0.248이었습니다. 투수가 던지는 손에 따른 확률에서 분모가 말해주듯이 총 122 타석 중에 왼손 투수를 상대한 경우는 17번, 오른손 투수를 상태한 경우는 105번이었습니다. 이 비율을 P(왼손 투수) = 17/122 = 0.139와 P(오른손 투수) = 105/122 = 0.861로 표기해 봅시다. 최지만 선수의 타율 P(안타) = 0.230은 전체확률의 법칙에 따라서 다음처럼 표현될 수 있습니다.

$$P(안타) = P(안타|왼손\ 투수) \times P(왼손\ 투수)$$
$$+ P(안타|오른손\ 투수) \times P(오른손\ 투수)$$
$$= 0.118 \times 0.139 + 0.248 \times 0.861 = 0.230$$

우리가 흔히 말하는 확률은 조건Condition에 따라서 많이 다를 수

---

* https://www.rotowire.com/baseball/player-splits.php?id=11799

데이터로 보는 인사 이야기

있고, 위의 계산에서 P(안타|왼손 투수)와 P(안타|오른손 투수)를 조건부확률Conditional Probability라고 합니다. 왼손 투수를 상대한 경우(13.9%)보다 오른손 투수를 상대한 경우(86.1%)가 상대적으로 많으니 전체확률 P(안타) = 0.230은 조건부확률 P(안타|왼손 투수) = 0.139보다 조건부확률 P(안타|오른손 투수) = 0.248에 더 가깝습니다.

야구 경기는 저녁에 시작하는 경우가 낮에 시작하는 경우보다 더 많습니다. 최지만 선수의 122번의 타석 중 87번은 저녁이었고 35번은 낮이었습니다. 저녁 경기의 타석 87번 중 17번 안타를 쳤고, 낮 경기의 타석 35번 중 11번 안타를 쳤습니다. 따라서 타율 P(안타) = 0.230은 저녁 경기의 타율 P(안타|저녁) = 17/87 = 0.195와 낮 경기의 타율 P(안타|낮) = 11/35 = 0.314를 각각 P(저녁) = 87/122 = 0.713과 P(낮) = 35/122 = 0.287로 곱한 후 더해서 계산될 수도 있습니다.

$$
\begin{aligned}
P(안타) \quad &= P(안타|저녁) \times P(저녁) + P(안타|낮) \times P(낮) \\
&= 0.195 \times 0.713 + 0.314 \times 0.287 = 0.230
\end{aligned}
$$

여러분이 팀의 매니저라면 전체확률을 조건부확률을 통해서 세밀하게 들여봐야겠죠?

참고로 알아두세요. 전체확률이 조건부확률로 계산될 수 있듯이 Salaries 데이터에서 보여졌던 평균 연봉도 조건부평균으로 분석될 수 있습니다.

```
> mean( salary ~ rank + sex, data=Salaries )

 AsstProf.Female AssocProf.Female     Prof.Female
        78049.91         88512.80       121967.61
   AsstProf.Male    AssocProf.Male       Prof.Male
        81311.46         94869.70       127120.82

> mean( salary ~ sex, data=Salaries )

   Female      Male
 101002.4  115090.4
```

여자 교수들 39명 중에 조교수(AsstProf)의 비율은 P(조교수|여) = 11/39 = 0.282 (28.2%), 부교수(AssocProf)의 비율은 P(부교수|여) = 10/39 = 0.256 (25.6%), 그리고 정교수(Prof)의 비율은 P(정교수|여) = 18/39 = 0.462 (46.2%)이었습니다. 따라서 직위(rank)에 따른 조건부평균과 각 직위의 확률을 곱해서 합으로 얻어진 여교수들의 평균 연봉은 다음과 같습니다.

E(연봉|여)　　= E(연봉|조교수, 여) × P(조교수|여) + E(연봉|부교수,

　　　　　　여) × P(여|부교수) + E(연봉|정교수, 여) × P(정교수|여)

　　　　　　= 78049.91 × (11/39) + 88512.80 × (10/39) +

　　　　　　121967.61 × (18/39)

　　　　　　= 101002.4

남자 교수들 358명 중에 조교수의 비율은 P(조교수|남) = 56/358

= 0.156 (15.6%), 부교수의 비율은 P(부교수|남) = 54/358 = 0.151

(15.1%), 그리고 정교수의 비율은 P(정교수|남) = 248/358 = 0.693

(69.3%)이었습니다. 따라서 남자 교수들 평균 연봉은 다음과 같습니다.

E(연봉|남)　　= E(연봉|조교수, 남) P(조교수|남) + E(연봉|부교수, 남)

　　　　　　P(부교수|남) + E(연봉|정교수, 남) P(정교수|남)

　　　　　　= 81311.46 × (56/358) + 94869.70 × (54/358) +

　　　　　　127120.82 × (248/358)

　　　　　　= 115090.4

남교수들의 정교수 비율(248/358=69.3%)이 여교수들의 정교수 비

율(18/39 = 46.2%)보다 훨씬 더 높았기에 남녀간의 전체평균 연봉

차이(115090.4 − 101002.4 = 14088.0)가 더 부각되었다는 점을

조건부평균을 통하여 알 수 있습니다.

어느 대학이 억울한 고소를 당한 사연

미국 캘리포니아의 주립대학교 중 하나인 University of California, Berkey^UCB는 1973년 대학원 입학 원서 심사 과정에서 남녀 차별이 있었다는 이유로 고소를 당합니다. 그 당시에 총 12,763명의 대학원 지원자가 있었는데, 남자 8,442명 중에서 3,738명(44.3%)이 합격했고, 여자 4,321명 중에서 1,494명(34.6%)이 합격했습니다(Bickel, Hammel, & O'Connell, 1975). 과연 고소를 당할 만 했을까요? 이미 잘 알려진 일화이며 중요한 메시지를 담고 있기에 여러분도 다음 이야기를 꼭 이해하셨으면 좋겠습니다.

다음은 R의 datasets 패키지에 저장된 UCBAdmissions라는 데이터로써 지원자가 비교적 많았던 여섯 학과^Department의 남녀별 합격/불합격 인원에 대한 가산 자료^Count Data입니다.* 우리가 분석할

---

* https://vincentarelbundock.github.io/Rdatasets/doc/datasets/UCBAdmissions.html

데이터로 보는 인사 이야기

이 가산 자료의 총지원자 수는 4,526명이고, 다음의 R코드 아래에는 각 학과의 남녀별 합격률로 정리한 도표가 있습니다.

```
> install.packages("datasets")

> require(datasets)

> UCBAdmissions
, , Dept = A

          Gender
Admit      Male Female
  Admitted  512     89
  Rejected  313     19

, , Dept = B

          Gender
Admit      Male Female
  Admitted  353     17
  Rejected  207      8

, , Dept = C

          Gender
Admit      Male Female
  Admitted  120    202
  Rejected  205    391

, , Dept = D

          Gender
Admit      Male Female
  Admitted  138    131
  Rejected  279    244

, , Dept = E

          Gender
Admit      Male Female
  Admitted   53     94
  Rejected  138    299

, , Dept = F
```

```
          Gender
Admit      Male Female
  Admitted   22    24
  Rejected  351   317
```

학과	P(합격|학과, 남)	P(합격|학과, 여)
A	512/825 = 0.621	89/108 = 0.824
B	353/560 = 0.630	17/25 = 0.680
C	120/325 = 0.369	202/593 = 0.341
D	138/417 = 0.331	131/375 = 0.349
E	53/191 = 0.277	94/393 = 0.239
F	22/373 = 0.059	24/341 = 0.070
여섯 학과 합산	1198/2691 = 0.445	557/1835 = 0.304

위의 여섯 학과(A학과 부터 F학과)를 합치면 남자 지원자들의 합격률은 P(합격|남) = 0.445(44.5%)이고, 여자 지원자들의 합격률은 P(합격|여) = 0.304(30.4%)입니다. 하지만 학과별로 데이터를 보시면 거의 차이가 없거나 심지어 A학과에서는 여자 지원자들의 합격률이 20%정도 더 높습니다. 이 데이터를 깊이 이해하기 위해서는 남녀별 지원 학과의 분포도 따져봐야 합니다.

학과	P(학과|남)	P(학과|여)
A	825/2691 = 0.307	108/1835 = 0.059
B	560/2691 = 0.208	25/1835 = 0.014
C	325/2691 = 0.121	593/1835 = 0.323
D	417/2691 = 0.155	375/1835 = 0.204
E	191/2691 = 0.071	393/1835 = 0.214
F	373/2691 = 0.139	341/1835 = 0.186
Total	2691/2691 = 1.000	1835/1835 = 1.000

　　남자 지원자 중에서는 합격률이 비교적 높은 A와 B학과에 각
각 30.7%와 20.8%만큼 몰렸고, 여자 지원자 중에서는 A와 B학과
에 각각 5.9와 1.4%밖에 모이지 않았습니다. 전체확률의 법칙
에 따라 남자 지원자들에게 유리해 보이는 P(합격\|남) = 0.445와
P(합격\|여) = 0.304의 결과는 다음과 같이 얻어졌습니다.

P(합격\|남)　　= P(합격\|A학과, 남) × P(A학과\|남)

　　　　　　　+ P(합격\|B학과, 남) × P(B학과\|남)

　　　　　　　+ P(합격\|C학과, 남) × P(C학과\|남)

　　　　　　　+ P(합격\|D학과, 남) × P(D학과\|남)

　　　　　　　+ P(합격\|E학과, 남) × P(E학과\|남)

　　　　　　　+ P(합격\|F학과, 남) × P(F학과\|남)

　　　　　　　= 0.621 × 0.307 + 0.630 × 0.208 + 0.369 ×

　　　0.121 + 0.331 × 0.155 + 0.277 × 0.071 +

$$0.059 \times 0.139$$

$$= 0.445$$

$$
\begin{aligned}
\text{P(합격|여)} \quad &= \text{P(합격|A학과, 여)} \times \text{P(A학과|여)} \\
&+ \text{P(합격|B학과, 여)} \times \text{P(B학과|여)} \\
&+ \text{P(합격|C학과, 여)} \times \text{P(C학과|여)} \\
&+ \text{P(합격|D학과, 여)} \times \text{P(D학과|여)} \\
&+ \text{P(합격|E학과, 여)} \times \text{P(E학과|여)} \\
&+ \text{P(합격|F학과, 여)} \times \text{P(F학과|여)} \\
&= 0.824 \times 0.059 + 0.680 \times 0.014 + 0.341 \times \\
&\quad 0.323 + 0.349 \times 0.204 + 0.239 \times 0.214 + \\
&\quad 0.070 \times 0.186 \\
&= 0.304
\end{aligned}
$$

```
> par( mfrow=c(1,2) )

> p.male = c( 0.621, 0.630, 0.369, 0.331, 0.277, 0.059 )
> p.female = c( 0.824, 0.680, 0.341, 0.349, 0.239, 0.070 )

> barplot( rbind(p.female,p.male), beside=TRUE, ylim=c(0,1),
          legend.text=c("female applicants","male applicants"),
          col=c("pink","blue"), names.arg=c("A","B","C","D","E","F"),
          xlab="", ylab="Estimated acceptance probability" )

> barplot( c(0.304,0.445), beside=TRUE, ylim=c(0,1),
          legend.text=c("female applicants","male applicants"),
          col=c("pink","blue"),
          names.arg="Six departments combined (A to F)",
          xlab="", ylab="Estimated acceptable probability" )
```

데이터로 보는 인사 이야기

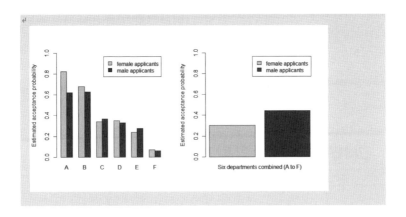

다시 말해 P(합격|남) = 0.445의 결과에서 비교적 합격률이 높은 P(합격|A학과, 남) = 0.621과 P(합격|B학과, 남) = 0.630의 기여도는 각각 P(A학과|남) = 0.307(30.7%)과 P(B학과|남) = 0.208(20.8%)이었고, P(합격|여) = 0.304의 결과에서 비교적 합격률이 높은 P(합격|A학과, 여) = 0.824과 P(합격|B학과, 여) =0.680의 기여도는 각각 P(A학과|여) = 0.059(5.9%)과 P(B학과 |여) = 0.014(1.4%)에 그쳤습니다. 따라서 P(합격|여)가 P(합격|남)보다 현저하게 작아 보였던 겁니다.

제3의 변수(학과)의 고려 여부에 따라 설명변수(성별)와 결과변수(합격 여부)의 상관관계가 너무나도 다르죠? 이처럼 제3의 변수의 고려 여부에 따라서 상관관계의 방향이 바뀌는 현상을 심

슨의 역설^{Simpson's Paradox}라고 합니다. 여러분의 조직 내에서도 이런 역설이 존재할까요?

긴박한 순간에 리더의 말 한마디

영화 '타이타닉'을 보셨나요? 1912년 4월 15일에 일어난 실화로 구성된 이 영화에서 타이타닉호는 빙산과 충돌한 후 서서히 침몰합니다. 이 슬픈 사건은 아래의 데이터^{TitanicSurvival}에 의하여 당시의 상황을 더 자세히 알 수 있습니다. 총 1,309명의 승객 명단, 생존 여부^{survived}, 성별^{sex}, 나이^{age}와 좌석등급^{passengerClass}로 이루어진 데이터 입니다. 이 데이터에서 결과변수는 생존 여부이고, 생존자는 500명이므로 전체 생존 확률은 P(생존) = 500/1309 = 0.382로 추산될 수 있습니다.

```
> install.packages("carData")
> require(carData)

> head( TitanicSurvival, 5 )

                              survived    sex    age passengerClass
Allen, Miss. Elisabeth Walton      yes female 29.0000            1st
Allison, Master. Hudson Trevor     yes   male  0.9167            1st
Allison, Miss. Helen Loraine        no female  2.0000            1st
Allison, Mr. Hudson Joshua Crei     no   male 30.0000            1st
Allison, Mrs. Hudson J C (Bessi     no female 25.0000            1st

```

데이터로 보는 인사 이야기

```
> dim(TitanicSurvival)

[1] 1309    4

> summary(TitanicSurvival)

 survived      sex            age           passengerClass
 no :809   female:466   Min.   : 0.1667   1st:323
 yes:500   male  :843   1st Qu.:21.0000   2nd:277
                        Median :28.0000   3rd:709
                        Mean   :29.8811
                        3rd Qu.:39.0000
                        Max.   :80.0000
                        NA's   :263
```

영화에서 스미스 선장^{Captain Smith}은 부하 승무원에게 여자와 어린이들을 먼저 보트에 태우라^{Women and Children First}고 짤막하게 명령합니다. 그리고 이 한마디의 명령은 실행되었습니다. 이를 확인해 보기 위하여 승객들을 남녀별로 구분해서 분석해 봅시다.

```
> require(mosaic)

> tally( survived ~ sex, data=TitanicSurvival )

         sex
survived female male
     no     127  682
     yes    339  161

> tally( survived ~ sex, data=TitanicSurvival, format="prop" )

         sex
survived    female      male
     no   0.2725322 0.8090154
     yes  0.7274678 0.1909846
```

남자승객의 조건부 생존확률은 P(생존|남) = 161/843 = 0.191, 여자승객의 조건부 생존확률은 P(생존|여) = 339/464 = 0.727로

서 약 3.8배 정도 높습니다. 이제 나이별로 분석해 봅시다. 데이터에서 나이age는 숫자 변수Numeric Variable이고, 이를 범주형 변수Categorical Variable로 변형할 수 있습니다. 다음의 R코드는 나이의 구간을 10년마다 설정합니다.

```
> TitanicSurvival$age2 = cut( TitanicSurvival$age,
                              breaks=c(0,10,20,30,40,50,60,Inf),
                              right=FALSE )

> head( TitanicSurvival, 5 )
                              survived    sex     age passengerClass    age2
Allen, Miss. Elisabeth Walton      yes female 29.0000            1st  [20,30)
Allison, Master. Hudson Trevor     yes   male  0.9167            1st   [0,10)
Allison, Miss. Helen Loraine        no female  2.0000            1st   [0,10)
Allison, Mr. Hudson Joshua Crei     no   male 30.0000            1st  [30,40)
Allison, Mrs. Hudson J C (Bessi     no female 25.0000            1st  [20,30)
```

위의 명령어에서 cut안에 있는 right=FALSE는 한 구간에서 하계Lower Bound를 포함하고 상계Upper Bound를 포함하지 말라는 의미입니다. 그리고 breaks=c(0,10,20,30,40,50,60,Inf)는 [0, 10), [10, 20), …, [50, 60), [60, ∞)의 그룹들을 만들어 내며, [50, 60)은 "50세 이상 60세 미만"을 뜻합니다. 따라서 29세인 Miss. Allen은 [20, 30)에 속하게 되었고, 30세인 Mr. Allison은 [30, 40)에 속하게 되었습니다. 이제 tally를 이용해서 나이에 따른 조건부 생존확률을 추산해 봅시다.

```
> tally( survived ~ age2, data=TitanicSurvival )
         age2
survived [0,10) [10,20) [20,30) [30,40) [40,50) [50,60) [60,Inf) <NA>
     no     32      87     217     134      83      38       28  190
     yes     50      56     127      98      52      32       12   73
> tally( survived ~ age2, data=TitanicSurvival, format="prop" )
         age2
survived    [0,10)   [10,20)   [20,30)   [30,40)   [40,50)   [50,60)   [60,Inf)      <NA>
     no  0.3902439 0.6083916 0.6308140 0.5775862 0.6148148 0.5428571 0.7000000 0.7224335
     yes 0.6097561 0.3916084 0.3691860 0.4224138 0.3851852 0.4571429 0.3000000 0.2775665
```

10세 미만의 어린이들의 생존율은 P(생존|[0,10)) = 0.610과, 10세 이상에서 60세 미만의 생존율은 0.36에서 0.46이고, 그리고 60세 이상의 생존율은 P(생존|[60,inf)) = 0.300입니다. 선장의 한 마디에 '노인'도 포함했었다면 P(생존|[60,inf))이 높아질 수 있었을까요? 아쉬움이 남지만, 선장의 명령에 따라 어린이들의 생존율이 높았던 것은 분명해 보입니다. 참고로 〈NA〉는 나이가 기록되지 않은 263명을 따로 하나의 그룹으로 취급한 것입니다.

타이타닉호의 스미스 선장이 하지 않은 말에도 집중해 봅시다. 스미스 선장은 일등석부터 구하라고 하지 않았습니다. 하지만 아래의 데이터를 보시죠.

```
> tally( survived ~ passengerClass, data=TitanicSurvival )
         passengerClass
survived 1st 2nd 3rd
     no  123 158 528
     yes 200 119 181
```

```
> tally( survived ~ passengerClass, data=TitanicSurvival, format="prop" )

         passengerClass
survived       1st       2nd       3rd
     no  0.3808050 0.5703971 0.7447109
     yes 0.6191950 0.4296029 0.2552891

> temp = tally( survived ~ passengerClass, data=TitanicSurvival )
> barplot( prop.table( temp, margin=2 ), beside=TRUE, ylim=c(0,1),
           legend.text=c("survived = N","survived = Y"), col=c("orange","blue"),
           xlab="Passenger class", ylab="Estimated survival probability" )
```

일등석, 이등석, 삼등석의 조건부 생존 확률은 각각 0.619, 0.430, 0.255로 추산되었습니다. 좌석 등급에 따른 방의 위치, 정보의 접근성, 그리고 데이터에 기록되지 않은 다른 요소들에 의하며 이런 결과가 나올 수 있었을 겁니다. 선장, 승무원, 그리고 승객들 모두 악조건에서 최선을 다했을 겁니다. 하지만 이 슬픈 데이터를 더 슬프게 만드는 통계가 아닐까 싶습니다. 리더가 던지지 않았던 말이 던졌던 말 만큼이나 중요했음을 느낍니다.

　　　　　　　　　　　　　데이터로 보는 인사 이야기

직장 내에서 무작위 선별 검사
vs. 정당 사유에 의한 검사

2013년 캐나다 대법원은 직장 내에서 합당한 원인 또는 근거에 의해서 알코올 및 마약 검사를 실행해야 한다는 판결을 내립니다. 이 판결이 있기 전에는 회사에서 무작위 선별을 통해 직원들을 검사하는 경우가 있었기에 사회적으로 큰 관심을 모았습니다. Hurley(2015)는 이 판결의 영향을 베이즈정리^{Bayes' Theorem}로 설명했습니다.*

베이즈정리를 접해보지 않으신 독자들의 이해를 돕기 위해서 여기에 간략히 설명해 봅니다. 조건부확률 $P(A|B)$는 A가 B의 조건(또는 가정)에서 일어날 수 있는 확률을 의미합니다. 따라서 $P(A|B)$와 $P(B|A)$는 전혀 다른 의미를 가지고 있습니다.

캘리포니아는 비가 내리는 날이 서울보다는 드물고, 비가와도 우산을 쓰는 사람들이 적은 편입니다. 조건부확률 $P(우산|비)$는 비가 오는 날

* https://chance.amstat.org/2015/02/drug-testing/

우연히 만난 사람이 우산을 쓰고 있는 확률이라고 할 수 있고, P(비|우산)은 우산을 쓴 사람을 목격했을 때 비가 내리고 있을 확률을 의미합니다. 베이즈정리에 따르면 다음과 같습니다.

P(비|우산) = P(우산|비) × P(비) / P(우산)

캘리포니아의 지역마다 다르겠지만 P(비) = 0.1(10일에 하루)이라고 가정하고, P(우산|비) = 0.25(4명 중 1명)라고 가정해 봅시다. P(비|우산)의 분모인 P(우산)을 위해서는 P(우산|비가 안 옴)도 가정해야 합니다. 자외선이 강한 캘리포니아에서는 자외선 차단을 목적으로 우산(또는 양산)을 쓰고 다니는 분들이 가끔 있으니 P(우산|비가 안 옴) = 0.01(100명 중 1명)이라고 합시다. 전체확률의 법칙에 따라 P(우산)은 다음과 같이 계산됩니다.

P(우산) = P(우산|비) × P(비) + P(우산|비가 안 옴) × P(비가 안 옴)

= 0.25 × 0.1 + 0.01 × (1 - 0.1)

= 0.034

따라서 비가 오든 안 오든 조건 없이 우연히 만난 이가 우산을 쓰고 있을 확률 P(우산) = 0.034입니다. 이제 베이즈정리에 의하여 P(비

우산)는 다음과 같이 계산될 수 있습니다.

P(비|우산) = 0.25 × 0.1 / 0.034 = 0.735

위의 가정들에 따라서 이야기를 하나 만들어 볼까요? 캘리포니아에서 근무를 하는 어느 직장인은 COVID-19으로 인하여 1년째 재택 근무를 하고 있습니다. 우울하게도 방에는 창문조차 없습니다. 이 직장인이 방안에서 일을 하다가 문득 밖의 날씨가 궁금하다면 P(비) = 0.1이라고 가정하겠죠. 거실에서 창밖을 보고 있는 아들이 '저기 우산을 쓰고 있는 사람이 지나가네'라고 한다면 이 정보에 반응한 아빠(그 재택 근무를 하고 있는 직장인)는 밖에 비가 오고 있을 확률이 업데이트되어 0.735라고 할 것 입니다. 이렇듯 어떠한 형태로든 데이터(data)에 반응하는 인간에게 베이즈정리는 아주 유용한 도구가 될 수 있습니다.

알코올 및 마약을 쓰고 있는 직장인을 Y라고 하고, 무고한 직장인을 N이라고 합시다. 반응 검사의 결과는 양성 또는 음성인데, 편의상 양성을 +라고 표기하고, 음성을 −라고 표기합시다. 검사의 정확도는 두 가지의 조건부확률 P(+|Y)와 P(−|N)로 수치화

될 수 있습니다. 알코올 및 마약 사용자를 검사했을 때 양성 반응을 얻을 조건부확률 P(+|Y)을 민감도^{Sensitivity}라고 하고, 무고한 이가 음성 반응을 얻을 조건부확률 P(−|N)을 특이도^{Specificity}라고 합니다. 민감도와 특이도가 높아야 검사 결과에 대한 신뢰도가 높아집니다.

검사 결과가 맞든 틀리든 이는 직접 확인될 수 있습니다. 하지만 알코올 및 마약의 사용 여부의 진실은 피검사자만 알고 있습니다. 따라서 우리가 관심을 기울여야 할 확률은 양성(+)결과가 나왔을 때 정말로 피검사자가 알코올 및 마약을 사용하고 있을 조건부확률 P(Y|+), 그리고 음성(−)결과가 나왔을 때 정말로 피검사자가 무고할 조건부확률 P(N|−)입니다. P(Y|+)이 낮으면 P(N|+) = 1 − P(Y|+)가 높다는 의미이고, 높은 P(N|+)는 양성 결과 중에 무고한 사람이 자주 나온다는 의미 입니다. P(N|−)이 낮으면 P(Y|−) = 1 − P(N|−)가 높다는 의미이고, 높은 P(Y|−)는 음성 결과 중에 알코올 및 마약 사용자가 많음(검사망을 벗어남)을 의미합니다.

이제 2013년 캐나다 대법원 판결의 전과 후를 베이즈정리로 비교해 봅시다. 이 비교에서 검사의 민감도를 P(+|Y) = 0.95, 특이도

를 P(- |N) = 0.9라고 가정합시다. 이 가정에 따라서 위음성률은 P(- |Y) = 1 - 0.95 = 0.05이고, 위양성률은 P(+|N) = 1 - 0.9 = 0.1입니다.

판결 전: CBC 뉴스에 따르면 그 대법원의 판결이 있기 전 어느 회사는 직원들을 상대로 무작위 알코올 테스트를 했었습니다.* 이 회사에서 얼마나 많은 비율의 직원들이 알코올 및 마약을 사용했을지는 모르지만, 임의로 P(Y) = 0.07이라고 가정합시다. 따라서 무고한 직원들의 비율은 P(N) = 1 - 0.07 = 0.93입니다. 베이즈 정리에 따라서 우리의 관건인 P(Y|+)와 P(N|-)는 다음과 같이 계산됩니다.

$$P(Y|+) \;= P(+|Y) \times P(Y) \,/\, P(+)$$
$$= P(+|Y) \times P(Y) \,/\, [P(+|Y) \times P(Y) + P(+|N) \times P(N)]$$
$$= 0.95 \times 0.07 \,/\, (0.95 \times 0.07 + 0.1 \times 0.93)$$
$$= 0.417$$

$$P(N|-) = P(-|N) \times P(N) \,/\, P(-)$$

---

* https://www.cbc.ca/news/canada/new-brunswick/workplace-random-alcohol-tests-rejected-by-top-court-1.1340382

$$= P(-|N) \times P(N) / [P(-|N) \times P(N) + P(-|Y) \times P(Y)]$$

$$= 0.9 \times 0.93 / (0.9 \times 0.93 + 0.05 \times 0.07)$$

$$= 0.996$$

따라서 무고한 사람을 추궁할 확률은 $P(N|+) = 1 - P(Y|+) = 1 - 0.417 = 0.583$이고, 음성 판정 후 알코올 사용자가 여전히 남아있을 확률은 $P(Y|-) = 1 - P(N|-) = 1 - 0.996 = 0.004$입니다.

판결 후: 대법원의 판결(합당한 원인 또는 근거에 의한 검사 실행) 후에는 검사 대상자 중에서 99%가 알코올 및 마약을 사용한다고 가정한다면 $P(Y) = 0.99$ 또는 $P(N) = 0.01$이라고 할 수 있습니다. 베이즈정리를 다시 적용해 봅시다.

$$P(Y|+) = 0.95 \times 0.99 / (0.95 \times 0.99 + 0.1 \times 0.01) = 0.999$$

$$P(N|-) = 0.9 \times 0.01 / (0.9 \times 0.01 + 0.05 \times 0.99) = 0.154$$

따라서 판결 후를 상상해 본다면 양성 반응을 보인 사람 중에서 무고한 사람들은 $P(N|+) = 1 - 0.999 = 0.001(0.1\%)$의 비율로 현저하게 줄어들겠지만, 음성 반응을 보인 사람 중에서 검사망

을 벗어난 사람들은 $P(Y|-) = 1 - 0.154 = 0.846(84.6\%)$의 비율로 현저하게 늘어날 것입니다.

위의 결과는 다음의 가정들에 따라서 실질적인 영향이 달라질 수 있습니다. (1) 판결 전 회사에서 얼마나 자주 무작위 검사를 해 왔는가, (2) 얼마나 많은 사람이 술기운 또는 약기운이 가시기도 전에 회사에 나왔는가, (3) 판결 후 알코올 및 마약을 사용하는 직원들이 사전에 들통이 나지 않도록 얼마나 잘 감추는가, (4) 검사의 민감도와 특이도가 얼마나 높은가, 기타 등등. 이 가정들이 대법원의 판결 전에는 양성 반응 결과가 불안했었다면, 판결 후에는 음성 반응 결과가 불안해졌을 것입니다.

나오는 글

익숙한 것과의 결별.

"2초마다 숨을 들이쉬고 3초간 내쉬어야 해!"

살면서 필수적인 숨쉬기를 이렇게 생각하면서 하는 사람은 없습니다. 태어나면서부터 숨쉬기는 우리에게 익숙해서 별다른 생각 없이 살아갑니다. 하지만 어떤 이들은 명상이나 요가를 배우면서 너무나도 '익숙한' 행위를 돌아보고 개선하기 시작합니다. '데이터 기반 의사결정'이란 표현이 지금보다 활발하게 논의된 적은 없는 것 같습니다. 비단 인사^{HR}분야 뿐만 아니라 마케팅, 전략, 영업 등 다양한 회사 기능에서 데이터 이야기가 참으로 자주 나옵니다. 그런데 정작 데이터를 통한 의사결정이나 업무는 우리에게 그렇게 익숙한 개념은 아닙니다. 대부분 조직은 계층이 있고 그 계층은 경험에 의거하여 의사결정을 더욱 단단하게 만들어왔습니다. 그러므로 '선배'들의 경험과 감이 가장 중요한 의사결정의 기준이였지요. 그런데 데이터가 경영활동에 중요한 화두로 대두되면서 기존 경험과 감의 중요성이 떨어지고, 조직 내 일하던 방식에도 큰 변화가 생기기 시작했습니다.

변화 속에 사람들은 자연스럽게 "어디로 갈지"와 "어떻게 갈지" 두 가지에 대해 항상 고민하게 됩니다. 기존 여러 훌륭한 도서들이 '어디로 갈지'에 대한 모색을 충분히 해주었다면 본 서는 '어떻게 갈지'에 대한 '지도'를 보여주고자 하였습니다. 구체적으로 회사에서 적용했던 사례와 이를 어떻게 적용할 수 있는지를 제시했으며 이를 통해 HR을 하는 동역자들에게 "어떻게 갈지"를 제공해드리고자 했습니다. 마지막으로 저희는 People Analytics를 수행하기 위해서 우리 동역자 분들과 함께 고민해보고 싶은 화두를 던져보고자 합니다.

우선 'People Analytics=통계'라는 관념에서 벗어났으면 합니다. People Analytics는 조직 및 사회에서 발생하는 다양한 사람 관련 이슈를 숫자와 통계를 통해서 잘 설명하고 예측하려는 시도입니다. 그러므로 통계 이해 및 방법론도 중요하지만 무엇보다 조직, 사회, 사람에 대한 이해가 우선되어야 합니다. 구글에서 운영하는 Kaggle이란 플랫폼에는 다양한 데이터 관련 문제 및 해결책들이 공유되어 있고, 통계 및 방법론에 대한 이해를 돕기 위한 다양한 사례가 있습니다. 가령, 전복 나이를 전복의 사이즈, 나이테 등의 데이터를 바탕으로 예측하려는 문제 등이 있습니다. 예측이라는 문제를 이해하기에 아주 좋은 문제긴 하지만 여기서 나오는 방법론을 그대로 조직 내 사람 문제에 적용하고 의사결정을 내리는데에는 여러 가지 제한점이 있습니다. 조직 구성원들의 성과 및 이직은 단순히 개인으로 인해서만 발생하는 것은 아니기 때문에 조직 및 맥락에 대한 이해가 매우 중요합니다. 그러므로 단순히 People Analytics로의 '변화'를 준비하시는 분들에게 사람, 조직 및 사회에 대한 이해가 선행되었으면 좋겠습니다.

둘째, '익숙한 것과의 결별'은 변화 이야기입니다. 기존에 익숙한 업무 및 의사결정이 다소 '불편한' 방식으로 바꿔야 한다는 것이며 이러한 불편함은 '시도'에서 시작됩니다. 머신러닝 또는 세련되고 복잡한 모델을 써야 People Analytics를 하는 것은 아닙니다. 오히려 새로운 HR 제도를 도입하고 이에 대한 "효과성" 혹은 "만족도"를 이해하는 데는 단순한 그래프와 평균 및 분산의 비교 방식으로도 충분할 때가 있습니다. 이렇듯 변화를 위해서 뚜렷한

데이터로 보는 인사 이야기

목적하에 '시작'하고 '시도'하는 게 무엇보다 중요합니다. 더불어, 조직은 대부분 구성원들과 함께 일하며 성과를 만듭니다. 그런데 People Analytics를 배우고 실행하려는 많은 동역자분은 조직/사람에 대한 이해부터 다양한 통계 방법까지 혼자 섭렵하려고 합니다. 필자들 역시 People Analytics에 대한 높은 관심을 두고 있지만 강점이 서로 다릅니다. 그러면 서로의 강점을 팀으로 일하며 발휘하면 되는 것입니다. 주변에 다양한 선생님과 동역자를 만들면서 지속적인 PA로의 변화 여정 동력을 만드시기를 권합니다.

셋째, 긍정적인 변화를 위해서는 답할 수 있는 정확한 질문을 하나씩 해야 합니다. 예를 들면, 도움이 절실히 필요한 환자들을 위해 새로운 치료법을 제공하는 과정은 아주 조심스럽고 깁니다. "기존의 약에 비해 신약이 안정성을 보장하며 더 효과적이냐"는 질문에 "네, 근거(데이터)가 확실합니다"라는 답을 얻어야 합니다. 그 질문에는 두 가지 질문이 들어있는데, 보편적으로 안정성에 대한 질문이 답이 되어야 효과에 대한 질문으로 넘어갈 수 있습니다. 한 번에 여러 질문에 답하려고 하면 의사결정에 방해가 될 수 있으며, 부정확한 질문에는 행동으로 옮길 수 없는 부정확한 답이 따라옵니다. 따라서 행동으로 옮길 수 있는 정확한 질문을 하나씩 하는 연습이 필요하다고 생각합니다. "재택근무가 좋은가"라는 질문에는 변수 Y가 정의되어있지 않습니다. "재택근무가

Y를 변화할 수 있는가"라는 질문에는 "사람마다 다르지 않을까"라는 애매모호한 반문이 따라옵니다. "재택근무가 Y의 평균을 변화할 수 있는가?"라는 질문은 평균이라는 숫자를 통하여 재택근무를 하는 직원들과 출근을 하는 직원들을 비교 가능케 합니다. 조금 더 나아가서 Y에 연결된 변수(A, B, C, …)가 많을 수 있습니다. "변수 A, B, C, …를 고려하고 재택근무와 출근을 비교했을 때 Y의 평균의 차이가 얼마나 될까?"라는 질문은 조직의 의사결정에 도움이 되는 정확한 답(적합한 데이터가 있다는 전제하에)을 얻어낼 수 있습니다. 이처럼 여러 변수를 고려하면서 질문의 답을 가능케 하는 것이 회귀분석입니다. 회귀분석은 통계 방법론의 기본이며 실전에서 중요한 질문에 답하는데 유용한 도구라고 생각합니다. 따라서 필자들은 이 책의 8장에 회귀분석의 예를 담았습니다. 주저하지 마시고 8장의 매뉴얼 내용을 직접 실행에 옮겨 보시기를 권합니다. 너무 생소해 어려우시다면, 회귀분석 수업을 들어본 친구에게 커피 한 잔 또는 밥 한 끼를 대접하며 함께 배워가시면 어떨까요. 모든 사람이 회귀분석에 전문가가 되지 않더라도 함께 이해도를 높여가면 우리 조직의 "데이터 기반 의사결정"문화에 기여할 수 있다고 믿습니다. 소수 개인의 감보다는 데이터Data가 객관적이고 진실에 가까운 답을 해줄 때가 있으니까요.

마지막으로 필자들 역시 계속해서 학습해가는 학생들입니다.

데이터로 보는 인사 이야기

개념에 대한 이해뿐 아니라 방법론 역시 다시 교과서를 펼치고 확인해가며 데이터를 분석합니다. 독자 여러분께서도 계속해서 학습해가시며 People Analytics 뿐만 아니라 HR 그리고 한국 사회를 지속해서 변화 시켜 나가는 동역자가 돼주시기를 바라며 본서를 마칩니다.

감수의 글

1. 김민정 (2020). KB의 실험… AI에 인사 맡겼더니, 인사불만이 사라졌다. 조선일보. https://www.chosun.com/economy/stock-finance/2020/10/05/E6TXF7CYAJEPTDKVWWLTPOOLVY/

2. 김성준 (2013). 빅데이터, 인재를 말하다. 인더비즈.

3. Barney, J. B. (1996). The resource-based theory of the firm. Organization science, 7(5), 469-469.

4. Barney, J. B., & Wright, P. M. (1998). On becoming a strategic partner: The role of human resources in gaining competitive advantage. Human Resource Management, 37(1), 31-46.

5. Bellows, R. M. (1949). Psychology of personnel in business and industry. Prentice-Hall, Inc. https://doi.org/10.1037/13991-000

6. Cappelli, P. (2015). Why we love to hate HR… and what HR can do about it. Harvard Business Review, 93(7/8), 54-61.

7. Caster, M. A. (2001). Survivor: How HR can survive & thrive in the organization. Organization Development Journal, 19(2), 79.

8. Davenport, T. H., Harris, J., & Shapiro, J. (2010). Competing on talent analytics. Harvard Business Review, 88(10), 52-58.

9. Eilbirt, H. (1959). The development of personnel management in the United States. Business History Review, 33(3), 345-364. https://doi.org/10.2307/3111950

10. Leonardi, P., & Contractor, N. (2018). Better people analytics. Harvard Business Review, 96(6), 70-81.

11. Marler, J. H., & Boudreau, J. W. (2017). An evidence-based review of HR Analytics. The International Journal of Human Resource Management, 28(1), 3-26.

12. Merritt, L. (2007). Human capital management: More than HR with a new name. People and Strategy, 30(2), 14-16.

13. Yoder, D. (1942). Personnel management and industrial relations. Prentice-Hall, Inc. https://doi.org/10.1037/13581-000

1. Digital Transformation 시대의 HR 역할과 변화

1. 김성은 (2021). '인사이트 맛집이네' 다채로워진 SK 사내 대학 '써니'. 머니투데이. https://news.mt.co.kr/mtview.php?no=2021060210211274957

2. 양지혜 (2018). '꿈의 직장' 실리콘밸리 근속연수는 3년 안 돼. 조선일보. https://www.chosun.com/site/data/html_dir/2018/04/17/2018041703136.html

3. 최인철 (2016). 프레임: 나를 바꾸는 심리학의 지혜. 21세기북스.

4. 한애란 (2018). 위기에 몰린 머스크 반성문 "과도한 공장 자동화는 실수였다". 중앙일보. https://news.joins.com/article/22545440

5. Carl, F., & Osborne, M. (2017). The future of employment: How susceptible are jobs to computersation?. Technological Forecasting and Social Change, 114, 254-280.

6. Carol, D. W. (2008). Mindset: The new psychology of success. Random House Digital, Inc.

7. DDI (2018). Global leadership forecast 2018 reveals six leadership megatrends changing the workplace. atd. https://www.td.org/professional-partner-content/global-leadership-forecast-2018-reveals-

six-leadership-megatrends-changing-the-workplace

8. McKinsey, & Company (2020). Beyond hiring: How companies are reskilling to address talent gaps. https://www.mckinsey.com/business-functions/organization/our-insights/beyond-hiring-how-companies-are-reskilling-to-address-talent-gaps#

9. Malik, S. (2019). Closing the skills gap for the future of work. IBM. https://www.ibm.com/blogs/ibm-training/closing-the-skills-gap/

10. Weber, L. (2019). Why companies are failing at reskilling. The Wall Street Journal. https://www.wsj.com/articles/the-answer-to-your-companys-hiring-problem-might-be-right-under-your-nose-11555689542

11. World Economic Forum (2016). The fourth industrial revolution: What it means, how to respond. https://www.weforum.org/agenda/2016/01/the-fourth-industrial-revolution-what-it-means-and-how-to-respond/

12. World Economic Forum (2018). The future of jobs report. https://www.weforum.org/reports/the-future-of-jobs-report-2018

2. 데이터로 보는 인사이야기-I. 채용

1. 강성춘 (2020). 인사이드 아웃: 사람이 만드는 기업의 미래. 21세기북스.

2. 구소희·조영일·박수진 (2020). 인적자원관리 연구에서 빅데이터의 활용. 인문사회21, 11(5), 1615-1630.

3. 김시내·손영우 (2020). 인공지능 기술의 수용성에 미치는 공정세상믿음의 효과. 한국심리학회지: 일반. 39(4), 517-542.

4. 말콤 글래드웰 (2020). 타인의 해석: 당신이 모르는 사람을 만났을 때. 김영사.

5. 박태우 (2020). 투명성·공정성·신뢰성···AI면접 믿을 만할까?. 한겨레21. http://h21.hani.co.kr/arti/economy/economy_general/49403.html

6. 손영신 (2020). 인공지능 알고리즘 기반 의사결정의 공정성 지각. 서울대

학교 대학원 석사논문.

7. 유태용·이기범·Aston (2004). 한국판 HEXACO 성격검사의 구성 타당화 연구. 한국심리학회지:사회 및 성격. 18(3), 61-75.

8. 이주영 (2020). 멀티 페르소나 시대. 나는 다중적이고 다양하다. 매일경제. https://www.mk.co.kr/news/culture/view/2020/01/6012/

9. 정지은 (2020). AI 채용 시스템 도입한 유니레버. "7만 시간 아꼈다". 한국경제. https://www.hankyung.com/economy/article/2020102754501

10. 토마스 쿤. (2013). 과학혁명의 구조. 까치(까치글방).

11. Basch, J. M., Melchers, K. G., Kegelmann, J., & Lieb, L. (2020). Smile for the camera! The role of social presence and impression management in perceptions of technology-mediated interviews. Journal of Managerial Psychology. 35(4), 285-299.

12. John, O. P., Angleitner, A., & Ostendorf, F. (1998). The lexical approach to personality: A historical review of trait taxonomic research. European Journal of Personality. 2(3), 171-203.

13. Nicholson, I. A. M. (1998). Gordon Allport, character, and the "culture of personality," 1897 – 1937. History of Psychology, 1(1), 52 – 68.

14. Oh, I. S., Wang, G., & Mount, M. K. (2011). Validity of observer ratings of the five-factor model of personality traits: A meta-analysis. Journal of Applied Psychology, 96(4), 762 – 773

15. Schmidt, F., & Hunter, J. (2000). Select on intelligence. In E. Locke (Ed.), The Blackwell handbook of principles of organizational behavior (pp. 3 – 14). Oxford, UK: Blackwell.

16. Schmidt, F. L., Oh, I. S., & Shaffer, J. A. (2016). The validity and utility of selection methods in personnel psychology: Practical and theoretical implications of 100 years. Working Paper.

17. Skinkle, R., & McLeod, K. (1995). Video Conference Technology: A Human Resources Application. London, Ontario: Student Employment Services, University of Western Ontario.

18. Tett, R. P., Jackson, D. N., & Rothstein, M. (1991). Personality measures as predictors of job performance: A meta-analytic review. Personnel Psychology, 44(4), 703-742.

19. Vrieze, S. I. (2012). Model selection and psychological theory: A discussion of the differences between the Akaike information criterion (AIC) and the Bayesian information criterion (BIC). Psychological Methods, 17(2), 228-243.

3. 데이터로 보는 인사이야기-II. 리더십

1. 리드 헤이스팅스·에린 마이어 (2020). 규칙 없음:넷플릭스, 지구상 가장 빠르고 유연한 기업의 비밀. 알에이치코리아(RHK).

2. 모튼 한센 (2019). 아웃퍼포머: 최고의 성과를 내는 1%의 비밀. 김영사.

3. 박종규 (2017). 밀레니얼 세대의 새로운 조직문화_공유 리더십의 시대. HR insight 2017년 10월호.

4. 존 젠거·조셉 포크먼 (2005). 탁월한 리더는 어떻게 만들어지는가: 평범한 관리자를 탁월한 리더로 만드는 리더십 개발 프로그램. 김앤김북스.

5. Ashton-James, C. E., & Ashkanasy, N. M. (2008). Affective event theory: A strategic perspective. Emotions, Ethics and Decision-Making. Research on Emotion in Organizations. 4, 1-34.

6. Bass, B. M., & Avolio, B. J. (1993). Transformational leadership: A response to critiques. In M. M. Chemers & R. Ayman (Eds.), Leadership theory and research: Perspectives and directions (p. 49-80), Academic Press.

7. Bhamra, R., Dani, S., & Burnard, K. (2011). Resilience: The concept, a literature review and future directions. International Journal of Production Research, 49(18), 5375-5393.

8. Blei, D. M. (2012). Probabilistic topic models. Communications of the

ACM. 55(4), 77–84.

9. Bligh, M.C., Kohles, J.C., & Meindl, J.R. (2004). Charisma under crisis: Presidential leadership, rhetoric, and media responses before and after the September 11th terrorist attacks. The Leadership Quarterly. 15(2), 211–239.

10. Carson, J. B., Tesluk, P. E., & Marrone, J. A. (2007). Shared leadership in teams: An investigation of antecedent conditions and performance. Academy of Management Journal. 50, 1217–1234.

11. CCL (2020). The top 6 leadership challenges around the world. https://www.ccl.org/articles/leading-effectively-articles/top-6-leadership-challenges/

12. Coutu, D. L. (2002). How resilience works. Harvard Business Review. 80(5), 46–56.

13. Crevani, L., Lindgren, M., & Packendorff, J. (2007). Shared leadership: A post-heroic perspective on leadership as a collective construction. International Journal of Leadership Studies, 3(1), 40—67.

14. DeRue, D. S., & Wellman, N. (2009). Developing leaders via experience: The role of developmental challenge, learning orientation, and feedback availability. Journal of Applied Psychology, 94, 859–875.

15. Duckworth, A. L., Peterson, C., Matthews, M. D., & Kelly, D. R. (2007). Grit: Perseverance and passion for long-term goals. Journal of Personality and Social Psychology, 92(6), 1087–1101.

16. Fink, S. L., Beak, J., & Taddeo, K. (1971). Organizational crisis and change. The Journal of Applied Behavioral Science. 7, 15-37.

17. Forbes (2020). 'This is the time': microsoft CEO satya nadella talks software's role in covid-19 response and recovery. https://www.forbes.com/sites/alexkonrad/2020/05/19/microsoft-ceo-satya-nadella-talks-software-in-covid-19-response/?sh=1a992f8c9747

18. IBM (2017). The human-machine interchange: How intelligent automation

is reconstructing business operations. https://www.ibm.com/downloads/cas/7QGY1GDY

19. McKinsey, & Company (2018). The five trademarks of agile organizations. https://www.mckinsey.com/business-functions/organization/our-insights/the-five-trademarks-of-agile-organizations

20. Milburn, T. W., Schuler, R. S., & Watman, K. H. (1983). Organizational crisis. Part I: Definition and conceptualization. Human Relations. 36(2), 1141-1160.

21. Perkins-Gough, D. (2013). The significance of grit: A conversation with Angela Lee Duckworth. Educational Leadership, 71(1), 14-20.

22. PMI (2017). 성공률 올리기 2017: 저성과 고비용 구조의 개선. https://www.pmi.org/-/media/pmi/documents/public/pdf/learning/thought-leadership/pulse/pulse-of-the-profession-2017.pdf?v=be29f71f-c831-4a39-bcd1-0171b033f0e3&sc_lang_temp=ko-KR

23. Smits, S. J., & Ally, N. E. (2003). "Thinking the unthinkable"—Leadership's role in creating behavioral readiness for crisis management. Competitiveness Review. 13(1), 1-23.

24. Sutcliffe, K. M., & Vogus, T. (2003). Organizing for resilience. In K. S. Cameron, J. E. Dutton, & R. E. Quinn (Eds.), Positive organizational scholarship, 94-110. San Francisco: Berrett-Koehler.

25. Tesluk, P. E., & Jacobs, R. R. (1998). Toward an integrated model of work experience. Personnel Psychology, 51, 312–355.

26. WTO (2020). The best time to prevent the next pandemic is now: countries join voices for better emergency preparedness. https://www.who.int/news/item/01-10-2020-the-best-time-to-prevent-the-next-pandemic-is-now-countries-join-voices-for-better-emergency-preparedness

4. 데이터로 보는 인사이야기-III. 직원경험

1. 김성준·이중학·채충일 (2021). 꼰대, 한국기업 조직문화 차원의 탐구. 조직과 인사관리연구. 45(2), 1-35.

2. 김성완 (2017). 실제 같은 경험과 팀 간 효율적 협업, AR/VR이 기업의 교육 전략 바꾼다. 동아비즈니스리뷰 , Issue 2 (237호). https://dbr.donga.com/article/view/1201/article_no/8390

3. 남궁준재·이순묵·김효선 (2013). 상황판단검사에서 시나리오 효과를 통제한 탐색적 요인분석. 한국심리학회지: 산업 및 조직. 26(4), 599-624.

4. 더크 스트리챠직·샬롯 보즈워스 (2020). 고용가능성: 고용+가능성 업그레이드 전략.한국코칭수퍼비전아카데미.

5. 문재호 (2020). AI에 '로우코드'기술 적용…"간단한 코딩으로 AI 앱 개발 가능". Ai타임스. http://www.aitimes.com/news/articleView.html?idxno=131938

6. 앙투안 생텍쥐페리 (2015). 어린 왕자. 열린책들.

7. 이중학 (2019). 롯데 베트남 현지직원들의 퇴사이유. 월간 인사관리 (2019년 3월호).

8. 장영균 (2019). 직원 경험을 극대화하라!. HR Insight 2019년 05월호.

9. 정명호·오홍석 (2005). 휴먼 네트워크와 기업경영. 삼성경제연구소.

10. 플라톤 (2014). 국가론: 이상국가를 찾아가는 끝없는 여정. 돋을새김.

11. Appleinsider (2021). Apple Park. https://appleinsider.com/inside/apple-park

12. Deloitte Insights (2017). The employee experience: Culture, engagement, and beyond: 2017 Global Human Capital Trends. https://www2.deloitte.com/us/en/insights/focus/human-capital-trends/2017/improving-the-employee-experience-culture-engagement.html

13. Glassdoor (2019). Galssdoor's best places to work 2020 revealed: HubSpot wins #1. https://www.glassdoor.com/employers/blog/best-places-to-work-2020/

14. McCall, M. W., Lombardo, M. M., & Morrison, A. M. (1988). Lessons of experience: How successful executives develop on the job. New York: Free Press.

15. Scott, J. (1999). Networks of corporate power: A comparative assessment. Annual Review of Sociology. 17, 181-203.

16. Tein, J. Y., Coxe, S., & Cham, H. (2013). Statistical Power to Detect the Correct Number of Classes in Latent Profile Analysis. Structural Equation Modeling: A Multidisciplinary Journal. 20(4), 640-657.

5. People Analytics 한걸음 더 들어가기

1. 김선형·강성춘 (2017). 다면평가: 연구 리뷰, 시사점 및 향후 연구 방향, 노사관계연구, 28, 123-153.

2. 박경진·김태한 (2019). 베이지안 회귀모델을 활용한 5G 사물인터넷 수요 예측, 한국데이타베이스학회지, 26(2), 61-73.

3. 양재완·박우성 (2020). Workforce 애널리틱스의 이해와 전략적 활용, 조직과 인사관리연구, 44(2), 77-101.

4. 이재용·이경재·이영선 (2014). 베이지안 통계의 역사와 미래에 대한 조망, 응용통계연구, 27(6), 855-863.

5. 이준웅·김성희 (2018). 미세먼지 재해 보도의 프레임 분석: 구조적 주제모형 (Structural Topic Modeling)의 적용, 한국언론학보, 62(4), 125-158.

6. 이중학 (2019). 하이포 인력들이 일을 잘하는 진짜 이유. HR Insight 2019년 12월호.

7. 이중학·Steven Kim·송지훈·채충일 (2020). HR Analytics 연구 및 활용에서의 가설검정과 예측의 차이점, 조직과 인사관리연구, 44(2), 103-123.

8. 이중학·Steven Kim·송지훈·장다니엘 (2020). HR 애널리틱스 연구 및 실무에서의 베이지안 통계 활용, 조직과 인사관리연구, 44(3), 83-104.

9. 임대열 (2004). Assessment Center 프로그램의 개발 및 운영, 한국 산업 및

조직 심리학회 추계학술대회 발표집, 340.

10. 천장현·유규창(2014). Assessment Center의 효과성 증진방안 모색: A 그룹 평가센터 구축 사례 중심, 대한경영학회 학술발표대회 발표논문집, 474-503.

11. 허창구·신강현 (2010). 내재설계 평가센터의 신뢰도 및 타당도, 한국심리학회지: 산업 및 조직, 23(2), 225-249.

12. Akaike, H. (1974). A new look at the statistical model identification. IEEE Transactions on Automatic Control, 19(6), 716-723.

13. Amrhein, V., Greenland, S., & Mcshane, B. (2019), Scientists rise up against statistical significance. Nature, 567(7748), 305-307.

14. Arthur, Jr, W., Day, E. A., McNelly, T. L., & Edens, P. S. (2003). A meta-analysis of the criterion-related validity of assessment center dimensions, Personnel Psychology, 56(1), 125-153.

15. Ashcroft, M. (2012). Bayesian networks in business analytics. In 2012 Federated Conference on Computer Science and Information Systems (FedCSIS) (pp. 955-961). IEEE.

16. Atwater, L. E., Waldman, D. A., & Brett, J. F. (2002). Understanding and optimizing multisource feedback, Human Resource Management, 41(2), 193-208.

17. Ballinger, G. A., Cross, R., & Holtom, B. C. (2016). The right friends in the right places: Understanding network structure as a predictor of voluntary turnover. Journal of Applied Psychology, 101(4), 535-548.

18. Barends, E., Rousseau, D. M., & Briner, R. B. (2014). Evidence-based management: The basic principles. Amsterdam: Center for Evidence-Based Management.

19. Bassi, L. (2011). Raging debates in HR analytics, People & Strategy, 34(2), 14-18.

20. Bedrick, E. J., Christensen, R., & Johnson, W. (1996). A new perspective on priors for generalized linear models. Journal of the American Statistical

Association, 91(436), 1450-1460.

21. Bhardwaj, B. K., & Pal, S. (2011). Data Mining: A prediction for performance improvement using classification. International Journal of Computer Science and Information Security, 9(4), 136-140

22. Bilder, C. R., & Loughin, T. M. (2014). Analysis of categorical data with R. Boca Raton: Chapman and Hall. CRC.

23. Bland, J. M., & Altman, D. G. (1998). Bayesians and frequentists. BMJ (Clinical research ed.), 317(7166), 1151-1160.

24. Blei, D. M. (2012). Probabilistic topic models. Communications of the ACM, 55(4), 77-84.

25. Bock, L. (2015). Work rules!: Insights from inside Google that will transform how you live and lead. New York, NY: Grand Central.

26. Brownell, J. (2005). Predicting leadership, International Journal of Contemporary Hospitality Management, 17(1), 7-21.

27. Cascio, W. F., & Ramos, R. A. (1986). Development and application of a new method for assessing job performance in behavioral/economic terms, Journal of Applied Psychology, 71(1), 20-28.

28. Cascio, W. F., & Silbey, V. (1979). Utility of the assessment center as a selection device, Journal of Applied Psychology, 64(2), 107.

29. Casella, G., & Berger, R. (2001). Statistical inference. Duxbury Resource Center.

30. Chalutz Ben-Gal, H. (2019). An ROI-based review of HR Analytics: practical implementation tools, Personnel Review, 48(6), 1429-1448.

31. Chong, D., & Shi, H. (2015). Big data Analytics: A literature review, Journal of Management Analytics. 2, 175-201.

32. Christensen, R., Johnson, W., Branscum, A., & Hanson, T. E. (2011). Bayesian ideas and data analysis: an introduction for scientists and statisticians. CRC Press.

33. Clapham, M. M., & Fulford, M. D. (1997). Age bias in assessment center

데이터로 보는 인사 이야기

ratings, Journal of Managerial Issues, 9(3), 373-387.

34. Clemen, R. T. (1989). Combining forecasts: A review and annotated bibliography, International Journal of Forecasting, 5(3), 559-583.

35. Dowe, D. L., Gardner, S., & Oppy, G. (2007). Bayes not bust! Why simplicity is no problem for Bayesians, The British Journal for the Philosophy of Science, 58(4), 709-754.

36. Downey, A. (2013). Think Bayes: Bayesian statistics in python. O'Reilly Media, Inc.

37. Duan, L., & Xiong, Y. (2015). Big data analytics and business analytics. Journal of Management Analytics, 2(1), 1-21.

38. Efron, B., Hastie, T., Johnstone, I., & Tibshirani, R. (2004). Least angel regression, The Annals of Statistics, 32(2), 407-451.

39. Ehrenberg, A. S. C., & Bound, J. A. (1993). Predictability and prediction, Journal of the Royal Statistical Society, Series B, 156, 167-206.

40. Ekehammar, B. (1974). Interactionism in personality from a historical perspective, Psychological Bulletin, 81, 1026-1048.

41. Fisher, R. A. (1935). The design of experiments. Oliver & Boyd.

42. Fitz-Enz, J., & John Mattox, I. I. (2014). Predictive analytics for human resources. John Wiley & Sons.

43. Fleenor, J. W. (1996). Constructs and developmental assessment centers: Further troubling empirical findings, Journal of Business and Psychology, 10(3), 319-335.

44. Fletcher, K. (2015). Why it's important we mind the gap between the HR Analytics haves and have nots. Retrieved from http://www.fairsail.com/why-its-important-we-mind-the-gapbetween-the-hr-Analytics-haves-and-have-nots/

45. Forster, M. (2002). Predictive accuracy as an achievable goal of science, Philosophy of Science. 69, 124 – 134.

46. Forster, M., & Sober, E. (1994). How to tell when simpler, more unified,

or less ad hoc theories will provide more accurate predictions, The British Journal for the Philosophy of Science, 45(1), 1-35.

47. Garvin, D. A., Wagonfel, A. B., & Kind, L. (2013). Google's project oxygen: Do managers matter (case 313-110). Boston, MA: Harvard Business School.

48. Gaugler, B. B., Rosenthal, D. B., Thornton, G. C., & Bentson, C. (1987). Meta-analysis of assessment center validity, Journal of Applied Psychology, 72(3), 493-511.

49. Goldstein, W. K., Sloan, F. A., Goldstein, L. B., & Kulas, E. D. (1998). A comprehensive assessment of the cost of multiple sclerosis in the United States, Multiple Sclerosis Journal, 4(5), 419-425.

50. Griffin, R., & Moorhead, G. (2011). Organizational Behavior: Cengage Learning.

51. Gurbaxani, V., & Mendelson, H. (1990). An integrative model of information systems spending growth. Information Systems Research. 1, 23-46.

52. Harrell, M., & Barbato, L. (2018). Great managers still matter: the evolution of Google's Project Oxygen. Re: Work. Retrieved from https://rework.withgoogle.com/blog/the-evolution-of-project-oxygen

53. Hastie, T., Tibshirani, R., & Friedman, J. H. (2009). The elements of statistical learning: Data mining, inference, and prediction. New York, NY: Springer.

54. Hawkins, D. M. (2004). The problem of overfitting, Journal of Chemical Information and Computer Scientists, 44(1), 1-12.

55. Hempel, C. G., & Oppenheim, P. (1948). Studies in the logic of explanation, Philosophy of Science, 15(2), 135-175.

56. Hitchcock, C., & Sober, E. (2004). Prediction versus accommodation and the risk of overfitting, The British Journal for the Philosophy of Science, 55(1), 1-34.

데이터로 보는 인사 이야기

57. Holsapple, C., Lee-Post, A., & Pakath, R. (2014). A unified foundation for business analytics, Decision Support Systems, 64, 130 – 141.

58. Hunter, J. E., & Hunter, R. F. (1984). Validity and utility of alternative predictors of job performance, Psychological Bulletin, 96, 72-98.

59. International Task Force on Assessment Center Guidelines. (2009). Guidelines and ethical considerations for assessment center operations 1, International Journal of Selection and Assessment, 17(3), 243-253.

60. Jansen, P. G., & Stoop, B. A. (2001). The dynamics of assessment center validity: Results of a 7-year study, Journal of Applied Psychology, 86(4), 741-753.

61. Jones R. G. (1992). Construct validation of assessment center final dimension ratings: Definition and measurement issues, Human Resources Management Review, 2, 195-220.

62. Kelley, R., & Caplan, J. (1993). How Bell Labs creates star performers. Harvard Business Review, 71(4), 128-139.

63. Korb, K. B., & Nicholson, A. E. (2010). Bayesian artificial intelligence. CRC press.

64. Kruschke, J. K. (2011). Bayesian assessment of null values via parameter estimation and model comparison. Perspectives on Psychological Science, 6, 299-312.

65. Kryscynski, D., Reeves, C., Stice-Lusvardi, R., Ulrich, M., & Russell, G. (2018). Analytical abilities and the performance of HR professionals, Human Resource Management, 57(3), 715-738.

66. Kudisch, J. D., Ladd, R. T., & Dobbins, G. H. (1997). New evidence on the construct validity of diagnostic assessment centers: The findings may not be so troubling after all, Journal of Social Behavior and Personality, 12, 129-144.

67. Kutner, M., Nachtsheim, C., Neter, J., & Li, W. (2004). Applied linear statistical models, 5th Edition. New York, NY: McGraw-Hill. Irwin.

68. Levenson, A. (2015). Strategic analytics: Advancing strategy execution and organizational effectiveness, Oakland, CA: Berrett-Koehler.

69. Lievens, F., & Conway, J. M. (2001). Dimension and exercise variance in assessment center scores: A large-scale evaluation of multitrait-mdtimethod studies, Journal of Applied Psychology, 86, 1202-1222.

70. Lievens, F., Chasteen, C. S., Day, E. A., & Christiansen, N. D. (2006). Large-scale investigation of the role of trait activation theory for understanding assessment center convergent and discriminant validity, Journal of Applied Psychology, 91, 247-258.

71. Lowry, P. E. (1997). The assessment center process: New directions, Journal of Social Behavior and Personality, 12, 53－62

72. Marler, J. H., & Boudreau, J. W. (2017). An evidence-based review of HR Analytics, The International Journal of Human Resource Management, 28(1), 3-26.

73. McEvoy, G. M., & Beatty, R. W. (1989). Assessment centers and subordinate appraisals of managers: A seven-year examination of predictive validity, Personnel Psychology, 42(1), 37-52.

74. McGrayne, S. B. (2011). The theory that would not die: how Bayes' rule cracked the enigma code, hunted down Russian submarines, & emerged triumphant from two centuries of controversy. Yale University Press.

75. Minbaeva, D. (2017a). Human capital analytics: why aren't we there? Introduction to the special issue. Journal of Organizational Effectiveness: People and Performance, 4(2), 110-118.

76. Minbaeva, D. B. (2017b). Building credible human capital analytics for organizational competitive advantage. Human Resource Management, 57(3), 701-713.

77. Mohammed, A. Q. (2019). HR Analytics: A modern tool in HR for predictive decision making. Journal of Management, 6(3), 51-63.

78. Mondare, S., Douthitt, S., & Carson, M. (2011). Maximizing the impact

and effectiveness of HR analytics to drive business outcomes, People & Strategy, 34, 20 – 27.

79. Narula, S. (2015). HR analytics: its use, techniques and impact, International Journal of Research in Commerce & Management, 6(8). Retrieved from www.ijrcm.org.in

80. R Core Team (2019). R: A language and environment for statistical computing. R Foundation for Statistical Computing, Vienna, Austria. https://www.R-project.org/

81. Rasmussen, T., & Ulrich, D. (2015). Learning from practice: How HR analytics avoids being a management fad. Organizational Dynamics, 44(3), 236-242.

82. Reddy, P. R., & Lakshmikeerthi, P. (2017). HR analytics. An effective evidence based HRM tool. International Journal of Business and Management Invention, 6(7), 23-34.

83. Roberts, M. E., Stewart, B. M., & Airoldi, E. M. (2016). A model of text for experimentation in the social sciences. Journal of the American Statistical Association, 111(515), 988-1003.

84. Roberts, M. E., Stewart, B. M., & Tingley, D. (2014). stm: R package for structural topic models. Journal of Statistical Software, 10(2), 1-40.

85. Rosen, B., & Jerdee, T. H. (1976). The nature of job-related age stereotypes, Journal of Applied Psychology, 61(2), 180.

86. Russell, C. J., & Domm, D. R. (1995). Two field tests of an explanation of assessment centre validity, Journal of Occupational and Organizational Psychology, 68(1), 25-47.

87. Samaniego, F. J. (2010). A comparison of the bayesian and frequentist approaches to estimation. New York: Springer.

88. Schmidt, F. L., Oh, I. S., & Shaffer, J. A. (2016). The validity and utility of selection methods in personnel psychology: Practical and theoretical implications of 100 years.., Fox School of Business Research Paper.

89. Schmitt, N., Gooding, R. Z., Noe, R. A., & Kirsch, M. (1984). Meta analyses of validity studies published between 1964 and 1982 and the investigation of study characteristics, Personnel Psychology, 37(3), 407-422.

90. Seaman III, J. W., Seaman Jr, J. W., & Stamey, J. D. (2012). Hidden dangers of specifying noninformative priors. The American Statistician, 66(2), 77-84.

91. Shmueli, G. (2010). To explain or to predict?, Statistical Science, 25(3), 289-310.

92. Shmueli, G., & Koppius, O. (2010). What is predictive about partial least squares?, In Sixth Symposium on Statistical Challenges in eCommerce Research (SCECR).

93. Silverthorne, C. (2001). Leadership effectiveness and personality: A cross cultural evaluation, Personality and Individual Differences, 30(2), 303-309.

94. Slivinski, L. W., Grant, K. W., Bourgeois, R. P., & Pederson, L. D. (1977). Development and application of a first level assessment centre. Ottawa, Ontario, Canada: Managerial Assessment and Research Division of the Personnel Psychology Centre.

95. Sober, E. (2002). Instrumentalism, parsimony, and the Akaike framework, Philosophy of Science. 69, 112 - 123.

96. Spector, P. E., Schneider, J. R., Vance, C. A., & Hezlett, S. A. (2000). The relation of cognitive ability and personality traits to assessment center performance. Journal of Applied Social Psychology, 30(7), 1474-1491.

97. Spencer, L. M. Jr., & Spencer S. M. (1993). Competence at work: Models for superior performance. New York: John Wiley & Sons.

98. Spiegelhalter, D. J., Best, N. G., Carlin, B. P., & Van Der Linde, A. (2002). Bayesian measures of model complexity and fit. Journal of the Royal Statistical Society: Series B, 64(4), 583-639.

99. Spychalski, A. C., Quiñones, M. A., Gaugler, B. B., & Pohley, K. (1997). A survey of assessment center practices in organizations in the United

데이터로 보는 인사 이야기

States, Personnel Psychology, 50(1), 71-90.

100. Strohmeier, S., & Piazza, F. (2013). Domain driven data mining in human resource management: A review of current research. Expert Systems with Applications, 40(7), 2410-2420.

101. Thornton III, G. C., & Rupp, D. E. (2006). Assessment centers in human resource management: Strategies for prediction, diagnosis, and development, Psychology Press.

102. Van de Schoot, R., Kaplan, D., Denissen, J., Asendorpf, J. B., Neyer, F. J., & van Aken, M. (2014). A gentle introduction to Bayesian analysis: applications to developmental research. Child Development, 85(3), 842-860.

103. Van der Laken, P. (2018). Data-driven human resource management: The rise of people analytics and its application to expatriate management, Ridderkerk: Ridderprint.

104. Vargas, R., Yurova, Y, V., Ruppel, C, P., Tworoger, L, C., & Greenwood, L. (2018). Individual adoption of HR Analytics: a fine grained view of the early stages leading to adoption, The International Journal of Human Resource Management, 29(22), 3046-3067.

105. Venables, W. N., & Ripley, B. D. (2002). Modern applied statistics with S. Fourth Edition. Springer, New York.

106. Verhaeghen, P., & Salthouse, T. A. (1997). Meta-analyses of age-cognition relations in adulthood: Estimates of linear and nonlinear age effects and structural models, Psychological Bulletin, 122(3), 231.

107. Walker, A, G., & Smither, J. W. (1999). A five-year study of upward feedback: What managers do with their results matters, Personnel Psychology, 52(2), 393-423.

108. Walsh, B., & Volini, E. (2017). 2017 Deloitte global human capital trend: Rewriting the rules for the digital age. Deloitte University Press. Retrieved from https://www2.deloitte.com/cn/en/pages/human-capital/articles/

global-human-capital-trends-2017.html

109. Watson, H. J. (2011). Business analytics insight: hype or here to stay. Business Intelligence Journal, 16(1), 4-8.

110. Yarkoni, T., & Westfall, J. (2017). Choosing prediction over explanation in psychology: Lessons from machine learning, Perspectives on Psychological Science, 12(6), 1100-1122.

111. Zenger, J. H., & Folkman, J. R. (2009). Extraordinary leader. Tata McGraw-Hill Education.

6. People Analytics 시작하기

1. 김성준 (2013). 빅데이터, 인재를 말하다: 빅데이터가 들려주는 효과적인 인재 경영에 대한 해법. 인더비즈.

2. 김성준 (2019). 조직문화 통찰: 우리 조직의 운영체제는 무엇인가. 클라우드나인.

3. 김성준 (2019). 제갈공명의 역량도 데이터 분석의 힘: 간단한 분석이 현장에선 큰 돌파구. 동아비즈니스리뷰, Issue 2 (271호).

4. 김성준 (2020). 피플 어낼러틱스 (People Analytics), 학계와 실무의 만남. HRD Issue Paper, 18호.

5. 김성준·이중학·채충일 (2020). 인사(HR) 분야의 인공지능 활용. KISDI AI Outlook (2020년 가을, Vol. 3).

6. 김성준 (2021). 탁월한 리더는 무엇이 다른가: 혼돈의 시대, 압도적인 성과를 내는 리더를 찾아서. 더블북.

7. 이재진 (2020). 비즈니스 파트너, HR 애널리틱스: 데이터 기반의 의사결정 가이드. 온크.

8. 이중학·송지훈·전유진·송현정 (2020). HR Analytics 연구 동향 및 실무적 활용을 위한 제언: Bibliometrics 분석 및 HR 실무진의 의견을 중심으로. 경영과 사례연구. 42(2). 84-103.

데이터로 보는 인사 이야기

9. 정은혜 (2018). 왜 HR 애널리틱스인가. HR Insight 2018년 9월호.

10. 홍세희·양준영·조기현·김효진·장유나 (2021). 문제해결 중심의 People Analytics: 자료분석편. 박영스토리.

11. Yoon, S. W., Chae, C. I., Kim, S. J., Lee, J. H., & Jo, Y. C. (2020). Human resource analytics in South Korea: Transforming the organization and industry. Human Resource Development in South Korea. 159-180.

7. R로 함께하는 데이터 이야기

1. Baron, R. M., & Kenny, D. A. (1986). The moderator-mediator variable distinction in social psychological research: Conceptual, strategic, and statistical considerations. Journal of Personality and Social Psychology, 51(6), 1173-1182.

2. Bickel, P. J., Hammel, E. A., & O'Connell, J. W. (1975). Sex bias in graduate admissions: Data from Berkeley. Science, 187, 398 – 403.

3. Hayes, A. F. (2013). Methodology in the social sciences. Introduction to mediation, moderation, and conditional process analysis: A regression-based approach. New York, NY: Guilford Press.

4. Guber, D. L. (1999). Getting what you pay for: The debate over equity in public school expenditures. Journal of Statistics Education 7(2).

5. Kim, S. B., & Lee, J. (2021). Regression-based mediation analysis: A formula for the bias due to an unobserved precursor variable. Journal of Korean Statistical Society.

데이터로 보는
인사 이야기

초판 1쇄 발행 2021년 8월 18일
초판 2쇄 발행 2022년 10월 4일

지은이 이중학, Steven Kim
감수자 김성준
펴낸이 최익성
편집 조명근
마케팅 총괄 임동건
마케팅 이유림, 김민숙, 임주성, 홍국주, 김아름, 신현아, 김다혜, 이병철
마케팅 지원 안보라, 안민태, 우지훈, 박성오, 신원기, 박주현, 배효진
경영지원 이순미, 임정혁
펴낸곳 플랜비디자인
디자인 강수진

출판등록 제2016-000001호
주소 화성시 동탄첨단산업1로 27 동탄IX타워
전화 031-8050-0508
팩스 02-2179-8994
이메일 planbdesigncompany@gmail.com

ISBN 979-11-89580-94-0 03320